新・教職課程演習　　第8巻

特別活動・生徒指導・キャリア教育

筑波大学人間系教授　藤田　晃之
広島大学大学院教授　森田　愛子　編著

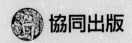
協同出版

刊行の趣旨

　教育は未来を創造する子どもたちを育む重要な営みである。それゆえ、いつの時代においても高い資質・能力を備えた教師を養成することが要請される。本『新・教職課程演習』全22巻は、こうした要請に応えることを目的として、主として教職課程受講者のために編集された演習シリーズである。

　本シリーズは、明治時代から我が国の教員養成の中核を担ってきた旧東京高等師範学校及び旧東京文理科大学の伝統を受け継ぐ筑波大学大学院人間総合科学研究科及び大学院教育研究科と、旧広島高等師範学校及び旧広島文理科大学の伝統を受け継ぐ広島大学大学院人間社会科学研究科（旧大学院教育学研究科）に所属する教員が連携して出版するものである。このような歴史と伝統を有し、教員養成に関する教育研究をリードする両大学の教員が連携協力して、我が国の教員養成の質向上を図るための教職課程の書籍を刊行するのは、歴史上初の試みである。

　本シリーズは、基礎的科目９巻、教科教育法12巻、教育実習・教職実践演習1巻の全22巻で構成されている。各巻の執筆に当たっては、学部の教職課程受講者のレポート作成や学期末試験の参考になる内容、そして教職大学院や教育系大学院の受験準備に役立つ内容、及び大学で受講する授業と学校現場での指導とのギャップを架橋する内容を目指すこととした。そのため、両大学の監修者2名と副監修者4名が、各巻の編者として各大学から原則として1名ずつ依頼し、編者が各巻のテーマに最も適任の方に執筆を依頼した。そして、各巻で具体的な質問項目（Q）を設定し、それに対する解答（A）を与えるという演習形式で執筆していただいた。いずれの巻のどのQ&Aもわかりやすく読み応えのあるものとなっている。本演習書のスタイルは、旧『講座教職課程演習』（協同出版）を踏襲するものである。

　本演習書の刊行は、顧問の野上智行先生（広島大学監事、元神戸大学長）、アドバイザーの大髙泉先生（筑波大学名誉教授、常磐大学大学院人間科学研究科長）と高橋超先生（広島大学名誉教授、比治山学園理事）、並びに副監修者の筑波大学人間系教授の浜田博文先生と井田仁康先生、広島大学名誉教授の深澤広明先生と広島大学大学院教授の棚橋健治先生のご理解とご支援による賜物である。また、協同出版株式会社の小貫輝雄社長には、この連携出版を強力に後押しし、辛抱強く見守っていただいた。厚くお礼申し上げたい。

　2021年4月

監修者　筑波大学人間系教授　清水　美憲

広島大学大学院教授　小山　正孝

序文

　2021（令和3）年1月に中央教育審議会が取りまとめた「『令和の日本型学校教育』の構築を目指して〜全ての子供たちの可能性を引き出す，個別最適な学びと，協働的な学びの実現〜（答申）」は，①学習機会と学力の保障，②社会の形成者としての全人的な発達・成長の保障，③安全・安心な居場所・セーフティネットとしての身体的，精神的な健康の保障，という3つの保障を，これまで日本型学校教育が果たしてきた本質的な役割であるとしたうえで，今後もこれらを重視し，継承していくことが必要であると指摘しています。

　日本の学校教育が，児童生徒の学習機会と学力を保障するのみならず，一人ひとりの全人的な発達・成長を保障する役割を担い，誰もが人と安全・安心につながることができる居場所であり続けることができた（少なくともその理念のもとで教職員が創意を重ね続けることができた）のは，生徒指導の中核的な実践の場としての特別活動が教育課程の中に明示的に位置づけられてきたことに負うところが大きいと言えるでしょう。

　本書「新・教職課程演習 第8巻」『特別活動・生徒指導・キャリア教育』において詳述されるとおり，生徒指導は自らの人格の完成を自ら希求する児童生徒を育てるため，教育課程の内外において一人ひとりの児童生徒の健全な成長を促し，児童生徒が現在及び将来における自己実現を図っていくための自己指導能力の育成を目指す教育活動です。

　そして，このような生徒指導にとって欠くことのできない教育活動の場が，児童生徒に自己存在感を与え，教師と児童生徒の信頼関係及び児童生徒相互の共感的な人間関係を育て，自己決定の場や機会の提供を通して児童生徒が自己実現の喜びを味わうことができるようにする特別活動です。

　また，新しい学習指導要領において，小学校からの継続的・体系的な実践が明示的に求められているキャリア教育も，それが包含する進路指導ととも

に，児童生徒の人格の形成に係る究極的な目的を生徒指導と共有するものです。新学習指導要領が，特別活動，とりわけ，学級活動・ホームルーム活動を要としつつ各教科等の特質に応じてキャリア教育の充実を図ることを求めたのは，極めて自然なことであると言えます。

　本書では，まず第1章において，生徒指導にとっての中核的な実践の場であり，キャリア教育の要でもある特別活動に焦点を当てて，そのエッセンスを解説していきます。その後，学校の教育活動全体を通じて充実を図っていくことが求められる生徒指導とキャリア教育について，それぞれ独立した章（第2章・第3章）を設けて，基本的な概念や事項，その背景理論から今日的な重要課題までをカバーしつつ，可能な限り明快でわかりやすく解説することに努めました。

　本書も，『新・教職課程演習』シリーズの他の巻と同様に，筑波大学と広島大学の研究者が編集と執筆に携わり，両者の協力体制のもとに刊行されています。また執筆者には，両大学出身の若手研究者や大学院生にも多く加わっていただいています。教職課程科目を履修し，教員を志そうとしている読者の皆様に近い年代のフレッシュで鋭い視点からの解説と，いわゆるベテランの研究者による解説との好バランスを目指した次第です。一人でも多くの方々が，本書を特別活動・生徒指導・キャリア教育の理解を深めるために活用してくださることを祈り，同時に，読者の皆様からの忌憚（きたん）のないご感想やご意見をお寄せいただけるよう願っております。

　本書の作成にあたっては協同出版株式会社小貫輝雄社長に大変お世話になりました。記して心からの感謝の意を表します。

　　　2021年10月

編者　藤田晃之・森田愛子

目次

第 2 章　生徒指導

第3章　キャリア教育（進路指導）

第 1 章

特別活動

Q1 戦後日本の学校教育における特別活動の歴史的な変容について説明しなさい

　特別活動を含め，戦後日本の学校教育の歴史的な変容は，学習指導要領の改訂（改定）と不可分である。現在の学習指導要領は，各学校が教育課程を編成する際の大綱的基準とされる。各学校の「番組や中身」を決める，そのための「ルールブック，ガイドライン」が，学習指導要領である。この仕組みの原型は，第二次世界大戦後，アメリカ合衆国を中心としたGHQ（連合国軍最高司令官総司令部）の占領政策により導入され，日本の再独立（1952年）を経て，現在へ継承されてきた。約7年に及ぶ占領政策の影響は，絶大だった。学校教育での具体例として，教育委員会・男女共学・新制中学校・6－3制・社会科等がある。特別活動も，占領政策と無縁ではない。

　戦前にも，現在の特別活動に似たものがあった。「部活動」は，「倶楽部活動」の略である。「倶楽部」は「クラブ」の当て字で，明治期から用例がある（長沼，2019：86，国立国会図書館データベースの検索結果）。また，学校によっては「校友会」等があり，「部活動の運営，運動会や行事の運営，雑誌の発行などを行っていた」（市山，2006：88，注4）とされる。さらに，明治期に海外へ修学旅行を実施した学校もある（関，2015）。

　Q1が求めるのは，「戦後日本の学校教育における特別活動の歴史的な変容」の説明である。この問いには，被占領期からの学習指導要領の変遷を参照し，特別活動に関連する事柄の変容を述べるのが，1つの解法である。他に，特別活動に関連する諸実践や団体，教育者や学校の歩みを述べる方法も考えられるが，ここでは「総論」として，学習指導要領の変遷に絞る。

　以下，敗戦後の約80年間を，(1)「特別活動」以前，(2)「特別活動」以後とに分けて説明する。後述の通り，教育課程の一領域としての「特別活動」は，1968（昭和43）年以降の用法である。また，各学習指導要領の改訂年や内容は，小学校を基本として扱う。高等学校は，義務教育とは別に扱う必要がある。

1．「特別活動」以前

　GHQによる被占領期の1947（昭和22）年，1951（昭和26）年に，学習指導要領一般編（試案）が刊行された。いずれも（試案）という語が付され，いわゆる「法的拘束力」の強さが，現在とは異なる。

　1947年の学習指導要領一般編（試案）は，語「教科課程」を用いた。学校の教育内容は「教科」だけで編成する，という意味である。当時は新教科の1つとして，「自由研究」があった。その内容は，「(1) 個人の興味と能力に応じた教科の発展としての自由な学習，(2) クラブ組織による活動，(3) 当番の仕事や学級委員としての仕事」（山口，2010:35）だった。新教科「自由研究」は長続きせず，必修の小学校で4年，一選択教科だった中学校で2年，そして高等学校では「実際にはほとんど実施されることがなかった」（同:37）とされる。1949（昭和24）年の文部省通達で，中学校に「特別教育活動」が導入され，教科「自由研究」は廃止された。他方，小学校の教科「自由研究」は，次の学習指導要領まで続いた。

　続く1951年の学習指導要領一般編（試案）から，「教科課程」にかえて「教育課程」を用いることとなった。語「教育課程」は，教科と教科ではないものを組み合わせた意味で，現在でも使われる。小学校は教科「自由研究」にかえて「教科以外の活動」，中・高等学校は「特別教育活動」がそれぞれ置かれ，ともに教科ではない扱いとされた。うち中学校「特別教育活動」は，「ホーム‐ルーム」，「生徒会」，「クラブ活動」，および「生徒集会」が，主な「領域」とされた。高等学校も同様である。当時の中学校は，小学校の「学級」よりも，高等学校の「ホーム‐ルーム」に近かったと言える。

　サンフランシスコ講和条約の発効（1952年4月）により，日本は再独立した。1958（昭和33）年の学習指導要領は（試案）が外され，「法的拘束力」の強化や，「特設道徳」の導入で知られる。この時，小・中学校の教育課程は，「各教科」，「道徳」，「特別教育活動」および「学校行事等」の四領域となった。うち「特別教育活動」の内容は，児童会（中:生徒会）活動，学級会（中:学級）活動，およびクラブ活動だった。小学校の「学校行事等」の

例は,「儀式, 学芸的行事, 保健体育的行事, 遠足, 学校給食その他上記の目標を達成する教育活動」だった。

2.「特別活動」以後

1964（昭和39）年の東京五輪を経て, 高度経済成長期の1968（昭和43）年, 学習指導要領が改訂された。この改訂で「特別教育活動」と「学校行事等」とが統合され, 表1-1-1の通り「特別活動」となった。

この学習指導要領の「特別活動」は, 小学校と中学校との細かな違いが目立つ。インターネットでデータベースが公開されているので, 項目の順番や記載内容等, 細かな違いを確認してみてほしい。

表1-1-1の構成は, 内容の順序や表現を多少変更して, 1977（昭和52）年の学習指導要領にもほぼそのまま受け継がれた。その後, 1989（平成元）年の改訂で, 表1-1-2の通り大幅に変更された。

以後, 1998（平成10）年, 2008（平成20）年, 2017（平成29）年に学習指導要領が改訂された。この間, 学校週5日制や総合的な学習の時間の導入, 外国語活動の開始, 道徳や外国語の「教科化」等, 小学校の教育課程には様々な動きが生じた。特別活動の場合, 各改訂による語句（例：学芸的行事から文化的行事）や時数（例：クラブ活動は週1回から不定期化）, 一部内容の追加（例：学級活動の（3）, キャリア教育関連）といった諸変更はあったが, 表1-1-2のAからDの大枠は, 約30年間同じままである。

表1-1-1　1968（昭和43）年学習指導要領「特別活動」の構成（小学校）

	内　　容		記載事項（抜粋：時数, 例）
特別活動	児童活動	（1）児童会活動	毎週または毎月一定の時間
		（2）学級会活動	毎週1単位時間
		（3）クラブ活動	毎週1単位時間
	学校行事		儀式, 学芸的行事, 保健体育的行事, 遠足的行事および安全指導的行事
	学級指導		学校給食, 保健指導, 安全指導, 学校図書館の利用指導その他学級を中心として指導する教育活動

（学習指導要領の記載に基づき, 筆者作成）

表1-1-2　1989（平成元）年学習指導要領「特別活動」の構成（小学校）

内　容		記載事項（抜粋）
特別活動	A 学級活動	（1）学級や学校の生活の充実と向上に関すること。学級や学校における生活上の諸問題の解決，学級内の仕事の分担処理など （2）日常の生活や学習への適応及び健康や安全に関すること。不安や悩みの解消，基本的な生活習慣の形成，望ましい人間関係の育成，意欲的な学習態度の形成，学校図書館の利用や情報の適切な活用，健康で安全な生活態度の形成，学校給食など
	B 児童会活動	学校の全児童をもって組織する児童会において，学校生活の充実と向上のために諸問題を話し合い，協力してその解決を図る活動を行うこと。
	C クラブ活動	学年や学級の所属を離れ，主として第4学年以上の同好の児童をもって組織するクラブにおいて，共通の興味や関心を追求する活動を行うこと。
	D 学校行事	（1）儀式的行事　　　　　　（4）遠足・集団宿泊的行事 （2）学芸的行事　　　　　　（5）勤労生産・奉仕的行事 （3）健康安全・体育的行事

（学習指導要領の記載に基づき，筆者作成）

　中学校はこの間，「部活動」の扱いに関連して，「クラブ活動」の全員必修制→部活動による代替制→廃止，という重大な動きがあった。近年は，小中や中高といった一貫校も増え，特別活動の変容が注目される。

　戦後日本の学校教育における特別活動の歴史は，同じ義務教育でも，小学校と中学校とで異なっていたと言える。

参考文献

市山雅美（2006）「旧制中学校における自治の概念と諸類型」『湘南工科大学紀要』40（1），pp.87-94.

長沼豊（2019）「部活動」日本特別活動学会編『三訂　キーワードで拓く新しい特別活動』東洋館出版社，pp.86-87.

関儀久（2015）「明治期の地方商業学校に於ける海外修学旅行について」『教育学研究』82（2），pp.299-311.

山口満（2010）「特別活動の歴史的変遷」山口満・安井一郎編『改訂新版　特別活動と人間形成』学文社，pp.26-48.

（根津朋実）

Q2 教科外活動である特別活動と教科との違いについて説明しなさい

「教科外（活動）」という言葉は，現在の学習指導要領には見あたらない。この言葉は，特別活動の他，総合的な学習（探究）の時間，教科化以前の道徳，および外国語活動等を一括した，一種の「通称」にあたる。

Q2は，「教科外活動である特別活動」と「教科」との「違い」について，説明を求める。「教科外（活動）」は，「教科」を前提とする。「教科ではないもの」，「教科以外の事柄」を，「教科外」と呼ぶからである。ゆえに，まず「教科とはどういうものか」を考え，教科の特徴をあげ，それからその逆を考えれば，「教科外」の姿が見えてくるだろう。特別活動も「教科外」に含まれるので，まず教科と「教科外（活動）」との違いを確認し（1.），次に「教科外（活動）」中で「特別活動」に限定して説明する（2.）。

1．教科と教科外活動との違い

一般に「違い」を説明する場合，「比較の観点」を決めると整理しやすい。Q2の場合，教科の諸特徴が，この「比較の観点」に使える。すべて文章で説明するのも1つの方法だが，ここでは「比較の観点」と合わせて教科と教科外（活動）とを並べた表を作成し，それに沿って説明する。

以下，教科と教科外（活動）とを比較した一覧表（表1-2-1）を示す。

表1-2-1　教科と教科外（活動）との比較一覧（筆者作成）

比較の観点	教科	教科外（活動）
検定教科書	あり	なし
中・高校の教員免許	あり	なし
時数の定め	あり	特別活動：一部あり　外国語活動：あり 総合的な学習（探究）の時間：あり
点数による評価	あり	なし
学校差や地域差	基本的にない	比較的大きい
教員による主導	相対的に強い	相対的に弱い

表1-2-1の「比較の観点」中，前半の4点は制度として決まっている。教科とは何かという制度上の定めは，大要，「検定教科書を必ず使用し（学校教育法第34条，教科書使用義務），対応した教員免許状があり，年間の実施時数や単位数が決まっており，点数による評価が行われる」と言える。後半の2点は，前半の教科の制度的な定めがもたらす特徴と言える。

以上の内容を裏返すと，特別活動を含む教科外（活動）の特徴となる。すなわち，「検定教科書がなく，対応した教員免許状がなく，年間の実施時数や単位数が決まっていない場合があり，点数による評価は行われない」。ゆえに教科外（活動）には，「比較の観点」の後半2点のように，「学校差や地域差が比較的大きく，教科に比べ教員による主導が弱い」という特徴がある。

２．教科と特別活動との違い

1.以外で，教科と特別活動との違いは何か。特別活動の特徴は，「集団（活動）」の重視である。小学校学習指導要領中，語「集団（活動）」は特別活動の章で頻出するが，各教科の章にはあまりない。小学校の特別活動は，学級活動・児童会活動・クラブ活動，および学校行事を含む。学級，児童会，クラブ，行事 ― すべて「集団」で実施する内容で，個人では難しい。教科にも小グループ等で話し合う活動はあるが，特別活動ほど頻繁ではないだろう。

体育祭や合唱コンクールなど，読者の思い出に強く残る集団（活動）があるかもしれない。特別活動に含まれないが，部活動が根強く支持される理由の1つは，集団（活動）という形態にあると思われる。ただし，集団（活動）は，利点ばかりとは限らない。見方によっては，同調圧力や競争の過熱を生じ，いじめや不登校のきっかけにもなりうる。教科の指導と同様に，児童生徒集団の指導も，教員にとって重要かつ必須と言えよう。

参考文献
根津朋実（2017）「『何のための特別活動か』が問われている」水原克敏編
　　　　　『新小学校学習指導要領改訂のポイント』日本標準，pp.114-119.

（根津朋実）

Q3 新学習指導要領における特別活動の改訂のポイントを述べなさい

　平成29（2017）年改訂学習指導要領は，「社会に開かれた教育課程」を基本的な考え方とし，「育成を目指す資質・能力の明確化」，「『主体的・対話的で深い学び』の実現に向けた授業改善の推進」，「各学校におけるカリキュラム・マネジメントの推進」を改訂の基本方針としている。特別活動も，基本的には，この方針に沿って改訂が行われている。以下，『中学校学習指導要領（平成29年告示）解説　特別活動編』（以下，「解説」）に基づいて改訂のポイントを整理する。

1.改訂の趣旨

（1）特別活動の成果と課題

　解説では，まず，「特別活動は，学級活動，生徒会活動・児童会活動，クラブ活動，学校行事から構成され，それぞれ構成の異なる集団での活動を通して，児童生徒が学校生活を送るうえでの基盤となる力や社会で生きて働く力を育む活動として機能してきた。協働性や異質なものを認め合う土壌を育むなど，生活集団，学習集団として機能するための基盤となるとともに，集団への所属感，連帯感を育み，それが学級文化，学校文化の醸成へとつながり，各学校の特色ある教育活動の展開を可能としている。」とその成果を認めたうえで，育成を目指す資質・能力の視点，内容の示し方の視点，複雑で変化の激しい社会の中で求められる能力を育成するという視点から，さらなる充実が期待されると指摘している。

（2）改訂の基本的な方向性

　「特別活動は，様々な構成の集団から学校生活を捉え，課題の発見や解決を行い，よりよい集団や学校生活を目指して様々に行われる活動の総体である。その活動の範囲は学年，学校段階が上がるにつれて広がりをもっていき，そこで育まれた資質・能力は，社会に出た後の様々な集団や人間関係の

中で生かされていくことになる。」という特質を踏まえ，次のように改訂の基本的方向性を示している。

　目標については，「人間関係形成」，「社会参画」，「自己実現」の3つの視点を踏まえて整理し，学級活動・ホームルーム活動，児童会活動・生徒会活動，クラブ活動，学校行事を通して育成を目指す資質・能力を明確化する。

　内容については，「様々な集団での活動を通して，自治的能力や主権者として積極的に社会参画する力」を重視する，また，キャリア教育など小学校から高等学校等までの教育活動全体の中でのつながりを明確にする。

2. 改訂の要点

（1）目標の改善

　特別活動の目標は，上記の「人間関係形成」，「社会参画」，「自己実現」の3つの視点を手がかりとして，資質・能力の3つの柱，すなわち「知識・技能」，「思考力・判断力・表現力等」，「学びに向かう力・人間性等」に基づいて整理された（詳細はQ4参照）。その資質・能力は，「様々な集団活動に自主的，実践的に取り組み，互いのよさや可能性を発揮しながら集団や自己の生活上の課題を解決すること」を通して育成される。

　この学びの過程においては，「集団や社会の形成者としての見方・考え方」を働かせることが求められる。これは，特別活動の特質に応じた物事を捉える視点や考え方であり，「特別活動と各教科等とが往還的な関係にあることを踏まえて，各教科等における見方・考え方を総合的に働かせて，集団や社会における問題を捉え，よりよい人間関係の形成，よりよい集団生活の構築や社会への参画及び自己の実現に関連付けること」として整理される。

（2）内容構成の改善

　特別活動が，学級活動・ホームルーム活動，児童会活動・生徒会活動，クラブ活動の各活動及び学校行事から構成されることに変化はないが，「特別活動全体の目標と各活動との関係について，それぞれの活動や学校行事の意義や活動を行ううえで必要となることについて理解し，主体的に考えて実践できるように指導することを通して，特別活動の目標に示す資質・能力の育

成を目指していくものであること」、そして、各活動のそれぞれの内容項目について「どのような過程を通して学ぶのか」ということが示された。

〔学級活動〕については、「小・中・高等学校を通して育成することを目指す資質・能力の観点から、次のように系統性が明確になるよう」整理された。

・小学校の学級活動に「(3) 一人一人のキャリア形成と自己実現」を設け、キャリア教育の視点からの小・中・高等学校等のつながりが明確になるようにした。

・中学校において、与えられた課題ではなく学級生活における課題を自分たちで見いだして解決に向けて話し合う活動に、小学校の経験を生かして取り組むよう (1) の内容を重視する視点から、(2)、(3) の項目を整理した。

(3) 内容の改善・充実

特別活動全体を通じて、「自治的能力や主権者として積極的に社会参画する力を育てることを重視し、学級や学校の課題を見いだし、よりよく解決するため話し合って合意形成すること、主体的に組織をつくり役割分担して協力し合うことの重要性」が明示された。主な改善点は、以下の通りである。

〔学級活動〕については、上記2点の他、以下の2点が示された。

○学習の過程として、「(1) 学級や学校における生活づくりへの参画」については、集団としての合意形成を、「(2) 日常の生活や学習への適応と自己の成長及び健康安全」及び「(3) 一人一人のキャリア形成と自己実現」については、一人一人の意思決定を行うこと

○キャリア教育に関わる様々な活動に関して、学校、家庭及び地域における学習や生活の見通しを立て、学んだことを振り返りながら、新たな学習や生活への意欲につなげたり、将来の生き方を考えたりする活動を行うこと

〔生徒会活動・児童会活動〕については、以下の3点が示された。

○内容の (1) を「生徒会 (児童会) の組織づくりと生徒会活動 (児童会活動) の計画や運営」として、生徒 (児童) が主体的に組織をつくること

○児童会活動における異年齢集団交流、生徒会活動においてはボランティア活動等の社会参画を重視すること

○小学校では、運営や計画は主として高学年の児童が行うこととしつつ、児

童会活動・生徒会活動には，学校の全児童・生徒が主体的に参加できるよう配慮すること

〔クラブ活動〕（小学校のみ）については，次のことが示された。

○児童が計画を立てて役割分担し，協力して楽しく活動するものであること

〔学校行事〕については，以下の2点が示された。

○小学校における自然の中での集団宿泊活動，中学校における職場体験等の体験活動を引き続き重視すること

○健康安全・体育的行事の中で，事件や事故，災害から身を守ること

（4）学習指導の改善・充実

「特別活動の目標の実現のため，学校の教育活動全体の中における特別活動の役割も踏まえて充実を図ること」が求められるとして，以下の4点が示された。

○特別活動の深い学びとして，児童生徒が集団や社会の形成者としての見方・考え方を働かせ，様々な集団活動に自主的，実践的に取り組む中で，互いのよさや個性，多様な考えを認め合い，等しく合意形成に関わり役割を担うようにすることを重視すること

○学級活動における児童生徒の自発的，自治的な活動を中心として，各活動と学校行事を相互に関連付けながら，学級経営の充実を図ること

○いじめの未然防止等を含めた生徒指導との関連を図ること，学校生活への適応や人間関係の形成などについて，主に集団の場面で必要な指導や援助を行うガイダンスと，個々の児童生徒の多様な実態を踏まえ一人一人が抱える課題に個別に対応した指導を行うカウンセリングの双方の趣旨を踏まえて指導を行うこと

○異年齢集団による交流を重視するとともに，障害のある幼児児童生徒との交流及び共同学習など多様な他者との交流や対話について充実すること

参考文献

文部科学省（2017）『中学校学習指導要領（平成29年告示）解説　特別活動編』東山書房.

（安井一郎）

Q4 特別活動の特質と目標について説明しなさい

1. 特別活動の目標

　2017年・2018年に改訂された小・中・高等学校の学習指導要領において，特別活動の目標は，「集団や社会の形成者としての見方・考え方を働かせ，様々な集団活動に自主的，実践的に取り組み，互いのよさや可能性を発揮しながら，集団や自己の生活上の課題を解決する」ことを通して，資質・能力を育むことであると定義されている。

　この目標には「人間関係形成」，「社会参画」，「自己実現」という3つの視点が含まれている。「人間関係形成」とは，集団の中で人間関係を自主的，実践的によりよいものへと形成することである。「社会参画」とは，よりよい学級（ホームルーム）・学校生活づくりなど，集団や社会に参画し様々な問題を主体的に解決しようとすることである。「自己実現」とは，集団の中で，現在及び将来の自己の生活の課題を発見し改善しようとすることである。

2. 特別活動の特質

　特別活動の目標に示された特質は，下記のとおり整理できる。

　「集団や社会の形成者としての見方・考え方」を働かせるということは，各教科等の見方・考え方を総合的に働かせながら，自己及び集団や社会の問題を捉え，よりよい人間関係の形成，よりよい集団生活の構築や社会への参画及び自己の実現に向けた実践に結びつけることである。

　「様々な集団活動」とは，「学級，生徒会（児童会），学校行事などの多様な集団において児童・生徒が集団や自己の課題の解決に向けて取り組むことを示している。また，特別活動は「なすことによって学ぶ」という方法原理を重視しており，集団活動の中で，児童・生徒が実生活における課題の解決に取り組むことを通して学ぶことが，「自主的，実践的な取り組み」である。

　「互いのよさや可能性を発揮する」ためには，児童・生徒が批判的思考力を

もち，他者と異なる意見や意思をもとに，多面的・多角的に問題を考え，解決方法について合意形成を図ることが重要である。集団活動の指導にあたって教師は，一人ひとりを尊重し，子どもが互いのよさや可能性を発揮し，生かし，伸ばし合うなど，よりよく成長し合えるよう配慮しなければならない。

最後に，「集団や自己の生活上の課題を解決する」とは，集団活動を通して集団や個人の課題を見いだし，解決に向けて他者と話し合って，合意形成や意思決定をするとともに，それを協働して実現することである。

3. 特別活動で育成を目指す資質・能力

特別活動を通して具体的に育む資質・能力について，以下の3つの柱に分けて説明する（カギカッコ内は学習指導要領からの引用）。

①知識及び技能は，「多様な他者と協働する様々な集団活動の意義や活動を行ううえで必要となることについて理解し，行動の仕方を身に付けるようにする」ことである。特に，各教科等において学習したことを含めて，実践活動や体験活動を通して体得させていくようにすることが必要である。

②思考力，判断力，表現力等は，「集団や自己の生活，人間関係の課題を見いだし，解決するために話し合い，合意形成を図ったり，意思決定したりすることができるようにする」ことである。児童・生徒が主体的に考えたり判断したりすることを通して，個人と集団との中で合意形成や意思決定が行われ，課題解決の過程において必要となる能力が育成される。

③学びに向かう力，人間性等は，「自主的，実践的な集団活動を通して身に付けたことを生かして，集団や社会における生活及び人間関係をよりよく形成するとともに，人間としての（在り方）生き方についての考えを深め，自己実現を図ろうとする態度を養う」ことである（丸括弧内は高校での追記）。集団活動の役割や意義を理解し，よりよい人間関係や集団・社会の構築及び自己実現を図り，活動に自主的，実践的に関わろうとする態度を育てる。

参考文献

文部科学省（2017）『中学校学習指導要領（平成29年告示）解説特別活動編』.

（靳　翃）

Q5 学級活動・ホームルーム活動の特質と目標について説明しなさい

1. 学級活動・ホームルーム活動の目標

2017（平成29）年改訂の小学校・中学校の学習指導要領において，学級活動の目標は以下の通り定められている。

> <u>学級や学校での生活をよりよくするための課題を見いだし，解決するために話し合い，合意形成し，役割を分担して協力して実践したり，学級での話合いを生かして自己の課題の解決及び将来の生き方を描くために意思決定して，実践したりすることに自主的，実践的に取り組むこと</u>を通して，第1の目標に掲げる資質・能力を育成することを目指す。

（下線は執筆者）

学級活動は高等学校では「ホームルーム活動」という名称になるが，その目標は「学級」が「ホームルーム」になる以外は，小・中と同一である（以下，本稿では学級活動を例に説明をするが，ホームルーム活動においても同様に考えて差し支えない）。直線を引いた前半部分は，学級活動の内容（1）「学級や学校における生活づくりへの参画」を指しており，教師の適切な指導の下で児童生徒によって提案される「議題」について話し合い，集団での合意形成がなされる。また，点線を引いた後半部分は，学級活動の内容（2）「日常の生活や学習への適応と自己の成長及び健康安全」，および（3）「一人一人のキャリア形成と自己実現」を指しており，教師があらかじめ年間指導計画に即して設定した「題材」について話し合い，個人による意思決定がなされる。

さらに，上記目標にある「第1の目標に掲げる資質・能力」とは，特別活動全体の目標において示された3つの資質・能力を指すが，学級活動に即し

てより具体化すると，次のようになる（文部科学省，2018）。

①学級における集団活動や自律的な生活を送ることの意義を理解し，そのために必要となることを理解し身に付けるようにする。

②学級や自己の生活，人間関係をよりよくするための課題を見いだし，解決するために話し合い，合意形成を図ったり，意思決定したりすることができるようにする。

③学級における集団活動を通して身に付けたことを生かして，人間関係をよりよく形成し，他者と協働して集団や自己の課題を解決するとともに，将来の生き方を描き，その実現に向けて，日常生活の向上を図ろうとする態度を養う。

２．学級活動・ホームルーム活動の学習過程

　学級活動で目指す資質・能力は，「問題の発見・確認」（Research），「解決方法等の話合い」および「解決方法の決定」（Plan），「決めたことの実践」（Do），「振り返り」（Check），「次の課題解決へ」（Act）という，児童生徒の自発的・自治的な学習過程の中で育まれる（図1-5-1）。評価・改善サイクルとしてはPDCAサイクルが一般的であるが，特別活動ではR-PDCAサイクルがより適している。なぜならば，生活に関わる議題や題材はサイクルごとに変化するため，話合い活動（P）に入る前に，子ども自身がC・Aを踏まえたうえで，主体的に問題を設定・認識する工程（R）が不可欠だからである。

　学級活動（1）の学習過程（図1-5-1左側）を効果的に展開するためのポイントは，合意形成にある。まず，児童生徒が議題を自分事として捉え，自分なりに意見をもったうえで話合いに臨み，自分自身に何ができるかということを主体的に考えることが重要である。そのうえで，議題についての提案理由を基に，一人ひとりの思いや願いを大切にしながら意見を出し合い，分類したり，比べ合ったりして，学級としての考えをまとめる必要がある。合意形成を通して納得感を得ることで，児童生徒は決まったことに対して，協力しながら責任をもって自分の役割を果たすことができる。

　学級活動（2）と（3）については，（2）は現在の生活上の題材，（3）は現

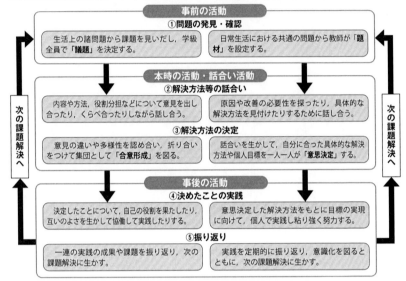

図1-5-1　学級活動（1）（左側）と（2）（3）（右側）の学習過程

（出典：国立教育政策研究所教育課程研究センター〔2019〕）

在および将来を見通した生活や学習に関する題材を扱うという違いはある
が，学習過程（図1-5-1右側）は同じである。児童生徒が日常生活や将来に
向けた自己の生き方に関して問題を確認し，話合いを通して思考を広げ，多
面的・多角的に捉えて自分に合った解決方法を自分で決める。さらに，決め
たことを粘り強く実践し，活動を振り返って成果や課題を確認することで，
自信を深めたり，さらなる問題解決に向けた意欲を高めたりする。

3．学級活動・ホームルーム活動の特質

以上のことをふまえて，学級活動の特質について，3つの観点から捉えて
みたい（大浦，1968）。

第1に，「生活づくり」としての特質である。子どもの生活の心理的・時間

的リズムに即して，日常生活の課題が議題や題材として据えられる。そして，学級という「小さな社会」を単位に，一人ひとりの日常生活経験と生活欲求（こんな学級にしたい，こんな自分になりたい）に基づいて，問題解決に向けた話合いが行われる。

　第2に，「学習活動」としての特質である。教科と比較しても，学級活動における話合いは，教師との関係において積極的・能動的な学習形態であり，子ども同士の関係において相互作用的・社会的な形態である。子どもは自発的に自分の経験や考えを発表し合い，学級集団として理解を深めていく。そこでは知的な内面性が重視され，思考作用によって「話す」と「聞く」が結びつけられる。したがって，話合いとは「聞き合い」でもあり，さらに意見の「生かし合い」，相互存在の「認め合い」でもある。

　第3に，「協働性を伸ばす集団活動」としての特質である。学級活動では，自己の問題を学級全体のテーマとして認識し，協働的な解決を追究する。一人ひとりの自己実現の意志が「学級をよくするのに役立つ」という方向性を含み，自己を生かすことと他者を生かすことを調和的に統合することを目指す。その過程で，個人の生活の欲求が学級の欲求に結晶されていく。

　このような学級活動の特質は日本独特のものであり，社会情動（非認知）的スキルの発達に有効であるとして，国際的にも注目されている。特に児童・生徒が話し合って「きまり」をつくる活動は，内発的動機づけを高め，責任ある主体として自ら振る舞うことを可能にする。それは，子どもの心理的ニーズである「自律性」「所属感」「達成感」を高めることにつながり，平和で民主的な社会の形成者の育成（市民性教育）に寄与する。

参考文献

国立教育政策研究所教育課程研究センター（2019）『みんなで，よりよい学級・学校生活をつくる特別活動　小学校編』文溪堂.

文部科学省（2018）『中学校学習指導要領（平成29年告示）解説　特別活動編』東山書房.

大浦猛（1968）『特別教育課程の基礎理論』明治図書出版.

（京免徹雄）

Q6　学級活動・ホームルーム活動の内容とその取扱いの要点及び指導上のポイントを述べなさい

1. 学級活動・ホームルーム活動の内容

　学級活動・ホームルーム活動の内容は，（1）～（3）に大きく区分されるが，各区分に含まれる項目は小・中・高等学校で違いがある（表1-6-1）。

表1-6-1　学級活動・ホームルーム活動の内容（小・中・高）

内容	小学校	中学校	高等学校
（1）	ア．学級や学校における生活上の諸問題の解決		
	イ．学級内の組織づくりや役割の自覚		
	ウ．学校における多様な集団の生活の向上		
（2）	ア．基本的な生活習慣の形成	—	
	イ．よりよい人間関係の形成	ア．自他の個性の理解と尊重，よりよい人間関係の形成	
		イ．男女相互の理解と協力	
	—		ウ．国際理解と国際交流の推進
	—	ウ．思春期の不安や悩みの解決，性的な発達への対応	エ．青年期の悩みや課題とその解決
	ウ（エ）．心身ともに健康で安全な生活態度（や習慣）の形成		オ．生命の尊重と心身ともに健康で安全な生活態度や規律ある習慣の確立
	エ（オ）．食育の観点を踏まえた学校給食と望ましい食習慣の形成		—
（3）	ア．現在や将来に希望や目標をもって生きる意欲や態度の形成	ア．社会生活，職業生活との接続を踏まえた主体的な学習態度の形成と学校図書館等の活用	ア．学校生活と社会的・職業的自立の意義の理解
	ウ．主体的な学習態度の形成と学校図書館等の活用		イ．主体的な学習態度の確立と学校図書館等の活用
	イ．社会参画意識の醸成や働くことの意義の理解	イ（ウ）．社会参画意識の醸成や勤労観・職業観の形成	
	—	ウ（エ）．主体的な進路の選択（決定）と将来設計	

註：（　）内は上級学校（小学校からみた中学校，中学校からみた高校）

（1）学級（ホームルーム）や学校における生活づくりへの参画

　学級の全員が協働して取り組まなければならない課題について，児童生徒自身が議題を設定して話し合い，合意形成したことを実践する自治的・自発

的活動（学級会）である。どの校種も３項目（ア〜ウ）で構成される。

　第１に，「ア.学級や学校における生活上の諸問題の解決」である。入学・進級の際のオリエンテーション，日常生活の見直し，いじめや暴力の未然防止などを議題として話し合い，学級生活を改善する。一方で，個人情報，相手を傷つけることが予想される問題，教育課程の変更，金銭の徴収など子どもの自治的活動に委ねることができないテーマもあり，教師はあらかじめ条件を提示することが求められる。

　第２に，「イ.学級内の組織づくりや役割の自覚」である。学級目標や係活動・当番活動等の役割分担を決めるなど，学級内の組織をつくるとともに，その意義について理解を深める。役割や目標の達成状況については定期的に振り返って評価し，課題の改善に努める。

　第３に，「ウ.学校における多様な集団の生活の向上」である。生徒総会における議事や学校行事への学級としての参加方法など，学級の枠を超えた多様な集団活動に関する学級としての提案や取組について合意形成する。

（2）日常の生活や学習への適応と自己の成長及び健康安全

　一人ひとりの子どもが共通して抱える現在の生活課題の中から，教師が設定した題材について，児童生徒が解決に向けて意見を共有し，自分の考え方を広げたうえで行動目標を意思決定する。項目は小・中・高で発達段階に応じて異なるが，人間関係形成，および健康で安全な生活態度については，全校種で共通している。さらに小で生活習慣，小・中で食育，中・高で思春期・青年期の悩みの解決，高で国際理解・交流がつけ加えられる。

（3）一人一人のキャリア形成と自己実現

　「キャリア形成」とは，「社会の中で自分の役割を果たしながら，自分らしい生き方を実現していくための働きかけ，その連なりや積み重ね」（文部科学省，2018）を意味する。児童生徒は，これからの学びや生き方を見通し，これまでの活動を振り返り，主体的に意思決定することで自らのキャリアを形成する。項目としては，学習と生き方に関する態度・意欲，学校図書館の活用，社会参画は全校種に設けられており，中・高で進路選択が加わる。

2．学級活動・ホームルーム活動の指導上のポイント

　学級活動・ホームルーム活動の指導にあたっては，特別活動の全体計画や目標を踏まえ，学校や地域の実態を考慮して，全学年を見通した学校としての年間指導計画をつくる。さらにそれを基にして，学級経営との関連を図りながら学級ごとの年間指導計画を作成し，指導内容，取り上げる議題例や題材，授業時数，評価の観点・規準などを明確にする。さらにこの計画に即して１単位時間の指導計画を準備し，議題・題材とその選定理由，本時のねらい，児童生徒の活動計画などを提示する。実際の指導にあたっては，子どもの集団適応や異校種との接続などの発達課題を踏まえなければならない。例として，小学校の学級活動（2）における発達段階に応じた指導の目安を表1-6-2に示す。前の学年で取り扱った内容と同じことを指導することのないように重点化をはかり，資質・能力を系統的に育成することが望ましい。

　話合い活動（本時）では，教師は児童生徒の発言から話合いの全体の流れを捉えたり，一人ひとりの考えを注意深く聞き取ったりすることで状況を適切に把握し，機会を捉えて助言を行う。また，板書によって思考を可視化・操作化・構造化する工夫も効果的である。事後には，学級会ノート，振り返りカード，掲示物などを活用して成果の改善点を明らかにする。なお教師が意図的・計画的に指導する（2）と（3）と比べると，（1）は子どもの自発的・自治的活動であるため，事前に様々な支援が必要である。議題箱を設置する

表1-6-2　小学校の学級活動（2）における指導の重点例

低学年	入学時には，幼児期の教育との接続に配慮して，重点化を図って指導する。基本的な生活習慣が定着するよう，適切な題材を設定するとともに，計画的に指導する。また，個に応じて繰り返し指導したり，家庭と連携して指導したりする。
中学年	協力して楽しい学級生活が築けるようにすることを重視して指導する。問題を自分のものとして真剣に考えることができるようにし，具体的な解決方法や目標を決めて，一定の期間継続して互いに努力できるようにする。
高学年	人間関係や健康安全，食育などに関する悩みの解消などを重視して指導する。特に，自己に合った実現可能な解決方法を決め，目標をもって粘り強く努力できるようにする。第6学年では最高学年としての自覚をもつことができるようにするとともに，中学校教育との接続に配慮して指導する。

（出典：国立教育政策研究所教育課程研究センター〔2019〕）

など議題を集める工夫に加えて，子どもが輪番で務める司会・記録や提案者，教師などから構成される計画委員会を組織し，話合いのめあてや柱（「何をするのか」「どのようにするか」「分担はどうするか」など）を決定する。

3．学級活動・ホームルーム活動の内容に関する取扱いの要点

　学習指導要領に示された内容の取扱いとして，2点に言及しておきたい。まず，学級活動・ホームルーム活動において，中学校では小学校からの，高等学校では中学校からの話合い活動などの積み重ねを生かすことである。中等教育においては，話合い活動における学校間や教師間の取組に差がみられることが指摘されているが，資質・能力や見方・考え方は，小・中・高等学校を通じて系統的・発展的に育成すべきものである。そのためにも，前の校種での学習経験や指導方法を生徒や教師が効果的に活用することが求められる。

　次に，内容の「(3) 一人一人のキャリア形成と自己実現」において，児童生徒が「活動を記録し蓄積する教材等」を活用して，「学校，家庭及び地域における学習や生活の見通しを立て，学んだことを振り返りながら，新たな学習や生活への意欲につなげたり，将来の生き方を考えたりする活動」を行うことである。ここにある教材等とは「キャリア・パスポート」（第3章Q9，Q10参照）のことを指しており，その活用には3つの意義がある。第1に，教育活動全体で行うキャリア教育の要としての特別活動の意義が明確になる。第2に，小学校から中学校，高等学校へと系統的なキャリア教育を進めることに寄与する。第3に，時間的つながりを担保することで，継続的に子どもは自己理解を深め，教師は子ども理解を深めることができる。

参考文献
国立教育政策研究所教育課程研究センター（2019）『みんなで，よりよい学級・学校生活をつくる特別活動　小学校編』文溪堂．
文部科学省（2018）『中学校学習指導要領（平成29年告示）解説　特別活動編』東山書房．

（京免徹雄）

Q7 児童会活動・生徒会活動の特質と目標について説明しなさい

1. 児童会・生徒会活動の特質

　児童会活動・生徒会活動の特質は，民主主義社会の一員に必要な公民的資質を高め，民主的生活の仕方を学ばせるために，自治的活動を児童・生徒全員を構成員とする児童会・生徒会の組織を通して行うことの中にある。その特質は各人が権利を行使しつつ，責任を引き受け，義務を果たすことが全員の幸福につながることを理解し，民主的な政治参加の仕方や，物事の民主的な決め方や実行の仕方を学ぶために，自発的・自治的体験活動を行うことの中にある。学級活動・ホームルーム活動は小さい規模の同年齢の集団で行われるのに対し，児童会活動・生徒会活動はより大きな規模の異年齢集団で行われる点に，学校行事は伝統的で道徳的な価値観や生き方の学習を主な目的とするのに対し，児童会活動・生徒会活動は民主的で政治的な価値観や生き方の学習を目的とする点に特質がある。異年齢集団における児童・生徒の意見対立等も含む相互作用と，共同体験を通しての民主的で政治的な資質・能力の学習が児童会活動・生徒会活動の特質である。

2. 児童会・生徒会活動の目標

　中学校の生徒会活動の基本的学習過程を述べると，学校生活の充実と向上を目指し問題の解決へ向けて計画を立て，役割を分担し，協力して運営する活動であり，その学習過程を局面として述べると，①問題の発見・確認，議題の設定，②解決に向けての話合い，③解決方法の決定，④決めたことの実践，⑤振り返りの局面に分析できる。これらの局面は生徒評議会・各種委員会・生徒総会において進められていく。これらの活動に生徒が進んで協働して取り組むことを通して，以下のような目標を達成することを目指す。中学校生徒会活動の知識・技能に関する目標は，異年齢で構成される生徒会の自

治的活動が，生徒全員の生活の向上に対してどのように貢献するかを体験的に理解し，その活動に必要なことや行動の仕方（参加のための技能）を体験の中で学ぶということである。思考・判断力・表現力に関する目標は，学校生活全体に関わる諸問題を見いだし，解決のためにどうしたら良いか考え，その考えと理由を述べつつ共通理解を図り，対立を乗り越えて合意できるまでていねいに話し合い，皆でどうするかを決める中で，そのような活動を支えている認知的能力と表現力を高めるということである。さらに，その目標は，より良い人間関係を形成するためにどうすればよいかを全生徒の協働活動の中で考え，判断し，表現する中で人間関係形成力を高めることである。学びに向かう力，人間性等に関する目標は，体験から得て高めた理解や知識・技能，思考力・判断力・表現力を生徒会における課題解決の中で活用して，自己とは異なる他者と協働し，学校や地域社会の共通の目標や幸福を目指して進んで活動しようとする態度を強めるということである。

　児童会活動では発達段階を考慮し，運営について主に高学年の児童が行うこととされ，高校の生徒会活動では主権者教育の観点から，民主的組織における活動の意義や，社会参画態度育成が目標として重視されている。

参考文献

文部科学省（2019）『高等学校学習指導要領（平成30年告示）解説　特別活動編』東京書籍.

文部科学省（2018a）『小学校学習指導要領（平成29年告示）解説　特別活動編』東洋館出版社.

文部科学省（2018b）『中学校学習指導要領（平成29年告示）解説　特別活動編』東山書房.

　　　　　　　　　　　　　　　　　　　　　　　　（谷田〔松﨑〕勇人）

Q8 児童会活動・生徒会活動の内容とその取扱いの要点及び指導上のポイントを述べなさい

1．児童会活動・生徒会活動の内容

　下記（1）と（2）は小・中・高に共通の内容であり，（3）は中・高に共通の内容で，（4）は小学校に固有の内容である。

（1）児童会・生徒会の組織づくりと児童会・生徒会活動の計画や運営

　児童・生徒が主体的に組織をつくり，役割を分担し，計画を立て，学校生活の課題を見いだし解決するために話し合い，合意形成を図り実践するという内容である。主体的に組織をつくるとは，児童会と生徒会に関わる総会や委員会などの活動を生徒の実態や特色に即して進めるために必要な組織や役割を自ら考え，話し合って設置するなどの児童・生徒の自発的で主体的な取り組みを意味する。児童・生徒の自主性，自発性をできるだけ尊重し，児童・生徒が自ら活動の計画を立て，役割を分担し，協力して運営にあたるよう支援することが大切である。児童会・生徒会活動に必要な場や機会の計画的な確保も含めた学校の一貫した指導体制の下に運営されることが大切である。

（2）学校行事への協力

　学校行事の特質に応じて，児童会・生徒会の組織を活用して，計画の一部を担当したり，運営に主体的に協力したりするという内容である。学校行事は，学校が計画し実施するものであるとともに，各種類の行事に生徒が積極的に参加し協力することによって充実する教育活動である。教師の適切な指導の下に，学校行事の企画や運営に関わる組織を中心として，生徒会の会員である生徒一人ひとりが自発的，自治的な活動として取り組むことが重要である。生徒一人ひとりが個性や興味・関心を生かして参画し，達成感や自己有用感をもつことができるように指導することが大切である。

（3）ボランティア活動などの社会参画

　地域や社会の課題を見いだし，具体的な対策を考え，実践し，地域や社会

に参画できるようにするという内容である。この内容は，校内の活動と共に，地域のボランティア活動への参加，他校や地域の人々との交流など，学校外の活動を含む。生徒の関心が広く学校外の事象に向けられるようになることは望ましいことであり，そうした活動を通して生徒の自己有用感の醸成や学習意欲の向上が期待できる。社会における問題解決が社会を担う人々による合理的な意思決定や議論を通じた意見の集約，さらにはそれら自らの判断に基づく責任ある行動によってなされているということについて理解できるような指導が大切で，政治的中立性が求められることにも留意する必要がある。

（4）異年齢集団による交流

児童会が計画や運営を行う集会等の活動において，学年や学級が異なる児童と共に楽しく触れ合い，交流を図るという内容である。全校児童集会，代表委員会や各委員会の活動も異年齢集団による交流の1つである。高学年の児童が，リーダーとしての経験を重ねながら自分の役割を果たすなどの主体的な取組を通して，高学年の自覚や自分への自信を高められるようにし，下学年の児童にとっては，上学年の児童に親しみやあこがれ，尊敬の気持ちをもち，「自分もこうなりたい」という思いや願いをもつことが大切である。

2．内容の取扱いの要点及び指導上のポイント

（1）児童・生徒の自発的，自治的な活動が効果的に展開されるようにする

教師の適切な指導とは，児童・生徒の自発的，自治的な活動を助長する指導である。児童会・生徒会の役割や意義を生徒に十分理解させるよう指導するとともに，児童・生徒を中心に置き，必要な情報や資料を十分に提供し，児童・生徒の発意，発想，自主的な活動を側面から援助することが大切であり，受容的な態度で，根気よく継続して指導を続けることが必要である。集団としての意見をまとめるなどの話合い活動，自分たちできまりをつくって守る活動，人間関係を形成する力を養う活動を充実することが重要である。

（2）内容相互の関連を図るようにする

小学校では児童会活動とクラブ活動，学校行事と関連を図り児童会活動の

充実を図ることが重要である。中学校・高校では，生徒総会や生徒会役員選挙，「新入生を迎える会」や「卒業生を送る会」などの生徒会の行事は，その準備の時間も含め，学級活動や学校行事などとの関連も図って，学校の年間計画の中に位置づけることが必要となる。また，生徒評議会や各種の委員会の活動については，学級活動との関連を図る工夫が必要である。

（3）異年齢集団による交流

中学校・高校でも異年齢集団による交流を重視するとともに，幼児，高齢者，障害のある人々などとの交流や対話，障害のある幼児児童生徒との交流及び共同学習の機会を通して，協働することや，他者の役に立ったり社会に貢献したりすることの喜びを得られる活動を充実することが大切である。生徒会活動としては，生徒総会や各種の委員会など校内における「異年齢集団による交流」と，地域のボランティア活動への参加，他校との交流，地域の人々との交流など，生徒の学校生活全体の充実・向上に結びつくような校外の活動も挙げられる。

（4）その他の指導上の留意事項

以下は中学校・高校で留意すべき重要な事項である。

①教師の適切な指導の下に，生徒が主体的に考え，判断し，自主的に実践し，さらに活動の結果についても自ら評価し，生徒会活動全体の充実や改善・向上を図ることができるようにし，生徒会の各組織が活動計画を作成する際には，各学級などの意見を十分に取り入れるようにすること。

②生徒会の組織は，学校や生徒の実態に即して適切に定め，学校生活における規律と，望ましい校風を築く活動となるようにすること。なお，生徒会役員選挙等では，選挙管理全般を生徒自らが主体的に行えるよう工夫し，生徒が生徒会の一員としての自覚を高められるような活動が重要である。

③生徒会活動においては，一人ひとりの生徒に生徒会組織の一員としての自覚をもたせ，小学校での児童会活動や中学校での生徒会活動で身に付けた態度や能力を基礎にし，生徒の自発的，自治的に活動する態度や能力を高めていくようにすること。

④活動の計画や内容は，生徒会の会報や生徒会だよりの発行，校内放送や掲

示板の活用などの広報活動を通して，常に全校生徒に周知するとともに，新入生に対して，生徒会活動への理解を深める機会を設けるなど，生徒会活動についての関心や意識を高めるように工夫すること。

⑤全校又は学年の集会活動を計画する際には，各学級・ホームルームの意見や希望を尊重する。生徒それぞれの役割を分担するとともに，参加する生徒に集会のねらいを明確に示し，協力し合って望ましい集団活動が進められるようにすること。

⑥教職員の協力体制を確立するとともに，活動内容に応じて，積極的に家庭や地域との交流が進められるよう適切に指導すること。学校外の活動では，生徒の安全配慮に十分留意すること。

参考文献

文部科学省（2019）『高等学校学習指導要領（平成30年告示）解説　特別活動編』東京書籍.

文部科学省（2018a)『小学校学習指導要領（平成29年告示）解説　特別活動編』東洋館出版社.

文部科学省（2018b)『中学校学習指導要領（平成29年告示）解説　特別活動編』東山書房.

（谷田〔松﨑〕勇人）

Q9 学校行事の特質と目標について説明しなさい

1. 学校行事の特質

（1）学校が計画する

　学校行事は，全校又は学年を単位とする児童生徒の活動であるが，学習指導要領の特別活動の章では，「各活動及び学校行事」と記されており，文部科学省は学校行事を特別活動の他の活動と区別していることがわかる。

　学習指導要領の変遷をたどると，1958（昭和33）年版学習指導要領では，「特別教育活動」と「学校行事等」に分かれており，その学校行事等の目標には，「学校が計画し実施する教育活動とし，」という文言が入っている。児童生徒の自主的，実践的な活動である特別教育活動（今日の学級活動，児童会活動，クラブ活動）に対し，学校行事には，「学校が計画し実施する教育活動」という性格のものであった。『中学校学習指導要領解説特別活動編（平成20年7月）』でも，「学校行事は，その名称が示しているように，学校が計画し，実施するものであるが」（p.62）という記述があった。

　『特別活動指導資料』（小学校編）では，「学校行事は，教師の適切な指導の下，児童の主体的な活動を促します」（p.22）と記されており，学習指導要領にも，「全校又は学年の児童（生徒）で協力し」，「（児童生徒が）主体的に考えて実践できるよう指導する」ということが示されている。また，児童会活動・生徒会活動にも「学校行事への協力」という内容がある。このことから，学校行事は教師の指導の適切な指導の下，児童生徒の自主的，実践的な活動が助長されるように指導することが求められる。

（2）秩序と変化

　学習指導要領の学校行事の内容には，「1の資質・能力を育成するため，全ての学年において，全校又は学年を単位として，次の各行事において，学校生活に秩序と変化を与え」と記されている通り，学校行事は，「学校生活に秩序と変化」を与える。例えば，運動会はみんなで1つの演技をつくりあげチー

ムごとに協力するということで秩序を与えるが，日常の学校生活と異なることを行うことにより変化を与える。

　学校行事を民俗学のハレとケになぞらえることがある。ケというのは日常生活，ハレというのは晴れ着，晴れの舞台という言葉があるように祭りの日などを指す。授業などの日常生活であるケが繰り返されるとケガレ（ケが枯れた状態）となり，運動会や文化祭などハレである学校行事を行って，エネルギー（生気）を補給し，学校生活に変化と秩序を与える。

2．学校行事の目標

　学習指導要領状の学校行事の目標は，次の通りである。

　「全校又は学年の児童（中学校・高等学校は「生徒」）で協力し（高等学校は「全校若しくは学年又はそれらに準ずる集団で協力し」），よりよい学校生活を築くための体験的な活動を通して，集団への所属感や連帯感を深め，公共の精神を養いながら，第1の目標に掲げる資質・能力を育成することを目指す。」

　学校行事では「よりよい学校生活を築くための体験的な活動」を行う。その結果，「集団への所属感や連帯感を深める」，「公共の精神を養う」ということを通して，第1の特別活動の目標に示された資質能力を育成することが，学校行事の目標である。

参考文献・URL

木内隆生（2010）「ハレとケ」日本特別活動学会監修『新訂　キーワードで拓く新しい特別活動』東洋館出版社，pp.153-154.

国立教育政策研究所（2019）「学習指導要領の一覧」（教育研究情報データベース）https://erid.nier.go.jp/guideline.html（2021年1月31日閲覧）.

国立教育政策研究所（2019）『特別活動指導資料　みんなで，よりよい学級・学校生活をつくる特別活動　小学校編』文溪堂.

文部科学省（2008）『中学校学習指導要領（平成20年7月）解説　特別活動編』.

文部科学省『平成29・30年改訂小・中・高等学校学習指導要領』.

（鈴木　樹）

Q10 学校行事の内容とその取扱いの要点及び指導上のポイントを述べなさい

1．学校行事の種類

　学習指導要領では，学校行事には，(1) 儀式的行事，(2) 文化的行事，(3) 健康安全・体育的行事，(4) 遠足・集団宿泊的行事（小学校），旅行・集団宿泊的行事（中学・高校），(5) 勤労生産・奉仕的行事の５種類がある。

2．各学校行事の内容・取扱いの要点・指導上のポイント

(1) 儀式的行事

①学習指導要領の内容と行事の種類

　学校生活に有意義な変化や折り目をつけ，厳粛で清新な気分を味わい，新しい生活の展開への動機づけとなるようにすること。

> 入学式，卒業式，始業式，終業式，修了式，立志式（中），開校記念に関する儀式，教職員の着任式・離任式，新入生との対面式（小），朝会（小）など
> ※「小」は小学校，「中」は中学校，「高」は高等学校の略。以下同じ。

②取扱いの要点

　儀式的行事は，全校の児童生徒及び教職員が一堂に会して行う教育活動であり，「儀式的行事の意義や，その場にふさわしい参加の仕方について理解し，厳粛な場におけるマナー等の規律，気品のある行動の仕方などを身に付けるようにする。」などの資質・能力を育成する。

③指導上のポイント

　学級活動などにおける指導との関連を図って，それらの行事の意義とその場にふさわしい参加の仕方について必要な知識や技能が身に付くようにする。

④国旗・国歌の取扱い

　小・中・高等学校学習指導要領には，「入学式や卒業式などにおいては，その意義を踏まえ，国旗を掲揚するとともに，国歌を斉唱するよう指導するも

のとする。」という規定がある。国際化の進展に伴い，国旗・国歌に対する正しい認識とそれらを尊重する態度を育成するために指導を行う。

（2）文化的行事

①学習指導要領上の内容と行事の種類

平素の学習活動の成果を発表し，自己の向上の意欲を一層高めたり，文化や芸術に親しんだりするようにすること。

小	児童が各教科等における日頃の学習の成果を総合的に発展させ，発表し合い，互いに鑑賞する行事：学芸会，学習発表会，展覧会，作品展示会，音楽会，読書感想発表会，クラブ発表会など
	児童の手によらない作品や催し物を鑑賞する行事：音楽鑑賞会，演劇鑑賞会，美術館見学会，地域の伝統文化等の鑑賞会など
中・高	生徒が各教科等における日頃の学習や活動の成果を総合的に発展させ，発表し合い，互いに鑑賞する行事：文化祭（学校祭），学習発表会〔中〕，音楽会（合唱祭），作品発表会〔中〕，弁論大会〔高〕など
	外部の文化的な作品や催し物を鑑賞するなどの行事：音楽鑑賞会，映画や演劇の鑑賞会，伝統芸能等の鑑賞会や講演会など，

②取扱いの要点

児童生徒が美しいもの，よりよいものをつくり出し，互いに鑑賞することにより，自他のよさを見つけ合う喜びを感得するとともに，自己のよさを伸ばそうとする意欲をもつことができるようにする。多様な文化や芸術に親しみ，美しいものや優れたものに触れることによって豊かな情操を育てる。

③指導上のポイント

生徒の希望や意見を生かし，文化的行事の一部については，生徒が自ら活動の計画を立て，意欲的に活動できるように援助する（中・高）。親子や地域住民の参加，地域の伝統や文化に触れる機会を設定する（小），学校独自の文化と伝統を継承する，家庭な地域の人々との交流を深める，伝統文化の継承への寄与などの態度を育む（中・高）。

（3）健康安全・体育的行事

①学習指導要領上の内容と行事の種類

心身の健全な発達や健康の保持増進，事件や事故，災害等から身を守る安

全な行動や規律ある集団行動の体得，運動に親しむ態度の育成，責任感や連帯感の涵養，体力の向上などに資するようにすること。

> 健康診断，疾病予防〔高〕，薬物乱用防止指導〔中・高〕，防犯指導，交通安全指導，避難訓練や防災訓練，健康・安全や学校給食に関する意識や実践意欲を高める行事，運動会（体育祭），各種の球技大会や競技会など

②取扱いの要点

安全な行動については，身の回りの危険を予測・回避し，安全な生活に対する理解を深める。規律ある集団行動の体得については，体育的な集団活動を通して，心身ともに健全な生活の実践に必要な習慣や態度を育成する。

③指導上のポイント

自然災害や犯罪などの非常事態に際し，沈着，冷静，迅速，的確に判断して対処する能力を養い，自他の安全を確保することのできる能力を身に付けること。体育に関する行事については，学校全体として，健康や安全についての指導の徹底を期する。

（4）遠足・集団宿泊的行事（小学校），旅行・集団宿泊的行事（中学・高校）

①学習指導要領上の内容と行事の種類

〔自然の中での集団宿泊活動などの〕平素と異なる生活環境にあって，見聞を広め，自然や文化などに親しむとともに，よりよい人間関係を築くなどの集団生活の在り方や公衆道徳などについての体験を積むことができるようにすること。　註:〔　〕内は小学校のみ。

> 遠足（小），修学旅行，移動教室（中・高），野外活動，集団宿泊活動など

②取扱いの要点

自然や文化に触れる体験を通して，学校における学習活動を充実発展させる。集団生活を通して，基本的な生活習慣や公衆道徳などについての体験を積み，集団生活の在り方について考え，実践し，よりよい人間関係を形成しようとする態度を育てることがねらいである。

③指導上のポイント

生徒の自主的な活動の場や機会を十分に考慮し，生徒の役割分担，生徒相

互の協力，きまり・約束の遵守，人間関係を深める活動などの充実を図る。学級活動などにおいて，事前に，目的，日程，活動内容などについて指導を十分に行い，生徒の参加意欲を高めるとともに，保護者にも必要事項について知らせておく。事故防止のための万全な配慮をする。

（5）勤労生産・奉仕的行事

①学習指導要領上の内容と行事の種類

　勤労の尊さや生産の喜びを体得するとともに，ボランティア活動などの社会奉仕の精神を養う体験が得られるようにすること（小）。

　勤労の尊さや生産の喜びを体得し，職場体験活動などの勤労観・職業観に関わる啓発的な体験が得られるようにするとともに，共に助け合って生きることの喜びを体得し，ボランティア活動などの社会奉仕の精神を養う体験が得られるようにすること（中・高）。

小	飼育栽培活動，校内美化活動，地域社会の清掃活動，公共施設等の清掃活動，福祉施設との交流活動など
中高	職場体験活動（中），就業体験活動（高），各種の生産活動，上級学校や職場の訪問・見学，全校美化の行事，地域社会への協力や学校内外のボランティア活動など

②取扱いの要点

　学校内外の生活の中で，勤労生産やボランティア精神を養う体験的な活動を経験することによって，勤労の価値や必要性を体得できるようにするとともに，自らを豊かにし，進んで他に奉仕しようとする態度を育てる。

③指導のポイント

　職場体験活動・就業体験活動は，学校教育全体として行うキャリア教育の一環として位置づけ，自己の能力・適性等についての理解を深め，職業や進路，生き方に関わる啓発的な体験が行われるようにすることが重要である。

参考文献

文部科学省『小中高等学校平成29・30年改訂学習指導要領解説 特別活動編』.

（鈴木　樹）

Q11 小学校におけるクラブ活動の目標と内容及び 指導上のポイントについて説明しなさい

1. クラブ活動の目標と特質

　クラブ活動は，自発的，自治的な集団活動を通して個性の伸長を図ることを目指す。2017年改訂学習指導要領では，以下のように述べられている。
　「異年齢の児童同士で協力し，共通の興味・関心を追求する集団活動の計画を立てて運営することに自主的，実践的に取り組むことを通して，個性の伸長を図りながら，第1の（特別活動全体の）目標に掲げる資質・能力を育成することを目指す。」（丸括弧内は筆者補足）
　上記の目標の達成に際し，クラブ活動においては，その特質を踏まえた活動を行うことが求められている。1つ目は，「共通の興味・関心を追求する自発的，自治的な活動」であるという点である。教師は，適切な指導を行い，児童が自分たちで行う活動の計画立てや協働，活動後の振り返り等を通して，充実した活動ができるように運営を行う必要がある。2つ目は，「異年齢集団で活動が行われる」という点である。異年齢集団で活動する中で，上級生や下級生に対してもより良い人間関係の形成を学ぶことができる。
　クラブ活動の学習過程については2017年改訂学習指導要領から初めて登場しており，年間を通した一連の学習過程と，1単位時間の活動の学習過程からなる。年間を通した学習過程では，児童が自身の興味・関心を追求して（Research），児童がクラブの活動計画や役割分担などを話し合って合意形成し（Plan），活動計画に基づいて「クラブを楽しむ活動」を行う（Do）。その後，成果の発表や振り返りを行い（Check），次年度の活動に生かす（Act）という大きなRPDCAサイクルが形成されている。さらに，1単位時間の「クラブを楽しむ活動」の中でも，大きなRPDCAサイクルと同様に小さなPDCAサイクルが形成されている。このように，大きなRPDCAサイクルの中に，小さなPDCAサイクルが含まれる2重構造になっている。

2．クラブ活動の内容と指導のポイント

　クラブ活動は，児童自らの手によって行われる活動であるべきである。その活動の内容としては，(1) クラブの組織づくりとクラブ活動の計画や運営，(2) クラブを楽しむ活動，(3) クラブの成果の発表の 3 つがある。

(1) クラブ活動の組織づくりとクラブ活動の計画や運営

　この内容は，児童が主体的に組織を作り，役割を分担し，活動の計画を立てたり，より良いクラブ活動に向けた課題を見いだし，解決するために話し合い，合意形成を図って実践したりするものである。またその際，児童の発意・発想を生かして活動が行われるようにすることや，児童による自発的，自治的な活動が効果的に展開できるようにすることが大切である。クラブの組織づくりについては，共通の興味・関心を追求する活動であることから，児童の希望ができるだけ生かされるよう配慮することが必要である。

(2) クラブを楽しむ活動

　この内容は，児童が作成した計画に基づいて，異年齢集団が協力しつつ，自発的，自治的に共通の興味・関心を追求することを楽しむ活動である。この活動を通して，児童は満足感や喜びを得る事になる。(1) で示したような指導に加え，他のクラブや地域との交流を図ったり，役割交代を行う等により，さらなる楽しみを得ることが可能であろう。

(3) クラブの成果の発表

　この内容は，年度末の振り返りや他の特別活動，地域行事との連携等の機会を利用し行う。発表内容については，活動内容の紹介や作品などについてだけではなく，興味・関心をより深く追求していく喜びや計画したことが実現できた満足感や達成感，協働して活動を行うことができた喜び等である。

参考文献

文部科学省 (2017a)『小学校学習指導要領 (平成 29 年告示) 解説　特別活動編』.
石川隆一 (2017b)「クラブ活動」杉田洋編『平成 29 年版小学校新学習指導要領の展開　特別活動編』明治図書出版，pp.58-65.

（武田　勲）

Q12　特別活動における学習過程について説明しなさい

1．学習過程とは

　特別活動における学習過程について説明するために，まずは学習過程を定義しておきたい。

（1）様々な学問分野で取り扱われる学習過程

　ここでは，学習過程とは learning process の日本語訳と考える。learning process は教育学以外でも多様な学問で利用される概念であり，図書については，社会科学での活用が多い（図1-12-1）。また，活用された時期としては，2013年にピークがある（図1-12-2）。

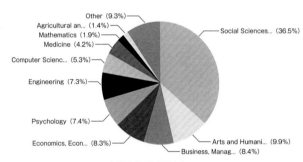

図1-12-1　learning process の活用分野（図書）Scopus, TITLE-ABS-KEY（learning AND process）AND DOCTYPE（bk），N=2,287（出典：Scopus, 2020年5月検索）

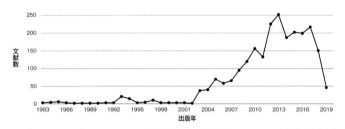

図1-12-2　learning process の活用時期（図書）Scopus, TITLE-ABS-KEY（learning AND process）AND DOCTYPE（bk），N=2,287（出典：同上）

（2）教育学で取り扱われる学習過程

　次に，教育学に限定して，図書ではなく論文数で研究者を調べると，次のような結果となる（図1-12-3）。

最大15人の著者の文献数を比較する。

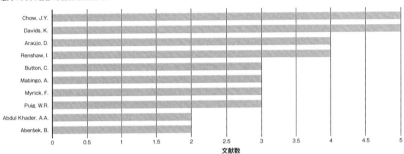

図1-12-3　教育学分野のlearning processの研究者（論文とレビュー）Scopus, TITLE-ABS-KEY（pedagogy AND "learning process"）AND DOCTYPE（ar OR re），N=915
（出典：同上）

　Chow, Jiayi（Nanyang Technological University, Singapore City, Singapore），Davids,Keith W.（Sheffield Hallam University, Sheffield, United Kingdom），Araújo, Duarte（Faculdade de Motricidade Humana, Universidade de Lisboa, Lisbon, Portugal）らの研究は，体育や生物学（2011）などからの研究である。体育であると学習プロセスは取り扱いやすい。特別活動の場合も，体育を分析するような視点でみると，学習プロセスの分析はしやすいのではないだろうか。以下に示すが，特別活動の場合，体育と似ており，活動の実践を伴う教育活動である。

2．文部科学省の学習指導要領解説による特別活動の学習過程

　文部科学省は特別活動の解説を刊行している。解説では，学習過程という用語が多用されている。高等学校を例とすると，学習過程は24カ所で使用されている。文部科学省の示す特別活動の学習過程は，ホームルーム活動を例にすると次のようなモデルである（図1-12-4）。5段階モデルで，①問題の発見・確認，②解決方法の話合い，③解決方法の決定，④決めたことの実

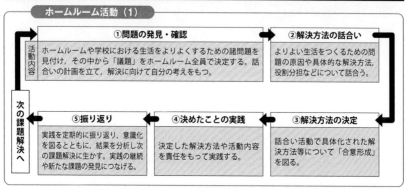

図1-12-4　文部科学省の学習過程モデル（出典：文部科学省.〔2018〕. p.38, より）

践，⑤振り返り，で学習が構成される。このモデルの特徴は，生徒が問題を発見する①問題の発見・確認を重視していることと，生徒が成果を確認する⑤振り返りを重視していることである。②解決方法の話合い，③解決方法の決定，④決めたことの実践の部分だけで完結していないことが特徴である。

　このモデルは，一見すると文部科学省の独自のもののように見えるが，実は，OECDの提唱する学習サイクル（OECDのAnticipation-Action-Reflection Cycle for 2030〔AAR Cycle〕）とも一致している。

3. OECDのAnticipation-Action-Reflection Cycle for 2030

　OECDはFuture of Education and Skills 2030という事業を展開している。この中で，概念的な学習の枠組みとしてAnticipation-Action-Reflection Cycle（AAR Cycle）を提唱している。これは，見通し・行動・振り返り（AAR）サイクルである。「見通し・行動・振り返り（AAR）サイクルは学習者が継続的に自らの思考を改善し，集団のウェルビーイングに向かって意図的に，また責任をもって行動するための反復的な学習プロセス」（OECD, 2020）とされている。文部科学省の学習過程と対応させると，OECDの「見通し」の段階が文部科学省の①問題の発見・確認に相当する。OECDの「行動」の段階が文部科学省の②解決方法の話合い，③解決方法の決定，④決めたことの

実践に相当する。OECDの「振り返り」の段階はそのまま文部科学省の⑤振り返りに相当する。文部科学省は5段階，OECDは3段階で学習過程のサイクルを提唱しているところに差はあるが，概念的には共通性が高い。また，同時代的な教育改革の流れの中でOECDと文部科学省は双方向の影響がある。

4．おわりに

ここでは，はじめにlearning process研究の動向，次に文部科学省の学習過程，そしてOECDの概念的な学習の枠組みをみてきた。その結果，学習過程については社会科学以外でも広く関心をもたれていることや体育の研究などで実績があることがわかった。そして，文部科学省の学習過程モデルでは生徒が行動して学ぶ部分の前後の①問題の発見・確認や⑤振り返りも重視していることが明らかになった。さらに，この文部科学省学習過程モデルは，世界潮流の1つであるOECDのAnticipation-Action-Reflection Cycle for 2030と共通性が確認できることがわかった。

参考文献・URL

文部科学省（2018）『高等学校学習指導要領（平成30年告示）解説　特別活動編』https://www.mext.go.jp/content/1407196_22_1_1_2.pdf（2020年5月8日閲覧）.

Chow, J.Y., Davids, K., Hristovski, R., Araújo, D., Passos, P.（2011）Nonlinear pedagogy: Learning design for self-organizing neurobiological systems, New Ideas in Psychology,29（2），pp.189‑200.

OECD（2020）『OECD ラーニング・コンパス（学びの羅針盤）2030』http://www.oecd.org/education/2030-project/teaching-and-learning/learning/learning-compass-2030/OECD_LEARNING_COMPASS_2030_Concept_note_Japanese.pdf（2020年5月8日閲覧）.

（林　尚示）

Q 13　特別活動の話合い活動における「合意形成」と「意思決定」の違いを説明しなさい

1．話合いの目的からみた違い

　特別活動における話合い活動には，集団として決める「合意形成」と個人として決める「意思決定」という2種類のタイプがある。ここでは小学校を例に，目的からみたその違いを確認してみたい。

　第1に，学級会（学級活動（1）「学級や学校における生活づくりへの参画」）や児童会の代表委員会などでは，合意形成が目指される。合意形成は，2017（平成29）年版学習指導要領で初めて用いられた文言であり，「意見の違いや多様性を認め合い，折り合いをつけるなど集団としての考えをまとめたり決めたり」（文部科学省, 2018）することである。2008年版の『解説　特別活動編』では，「集団決定」の文言が使用され，「自分が賛成していないことに決まっても，集団決定したことについて，気持ちよく従い，協力できるようにする」とされていた。しかし，「決める」ことだけを強調すると，安易な多数決につながりかねない。それに対して合意形成は，他者に迎合することでも，相手の意見を無理にねじ伏せることでもなく，違いを超えて「折り合いをつける」ことを重視している。多くの児童が結論に納得することで，みんなで決めたことを1人1人が主体的に実践できる。

　第2に，学級活動（2）「日常の生活や学習への適応と自己の成長及び健康安全」や学級活動（3）「一人一人のキャリア形成と自己実現」などでは，意思決定が目指される。意思決定も2017年版学習指導要領で初登場の文言であり，「話合いを通して自分の考えを広げたり，課題について多面的・多角的に考えたりして自分に合った解決方法を自分で決める」（文部科学省, 2018）ことである。2008年版の『解説　特別活動編』では，「自己決定」の文言が使用され，「単に努力目標を決めるだけではなく，いつ，どこで，何をどのように努力するのか等を具体的に決められるようにすることが大切」とされていた。

この考え方は現在にも引き継がれているが，2017年版ではさらに，他者の様々な意見に触れて考えを広げることが強調されている。つまり，意思決定とは「自分だけで決める」ことではなく，集団思考を経たうえで自分なりに判断し，それを粘り強く実行することを意味する。

２．話合いの方法からみた違い

　２つのタイプの話合いは，目的が異なるゆえに，必然的に決定に到るまでのプロセスも異なってくる。

　合意形成では，内容や方法，役割分担などについて意見を出し合ったり，比べ合ったりしながら話し合う。国立教育政策研究所教育課程研究センター（2019）は，議題の進め方や話合い方を理解したうえで，①「出し合う」（一人一人の思いや願いを大切にして意見を発表する），②「くらべ合う」（意見の共通点や相違点を確かめたり，賛成・反対意見を述べたりする），③「まとめる」（意見の違いを認め，折り合いをつけて決める），という３つのステップを踏むことを提案している。「まとめる」際には，多数決を行うこともあるが，それに限らず，出された意見をもとに新しい考えをつくったり，優先順位を決めたりする方法が採用されることもある。

　それに対して意思決定では，問題の原因や改善の必要性を探ったり，具体的な解決方法を見つけたりするために話し合う。国立教育政策研究所教育課程研究センター（2019）は，①「つかむ」（課題を把握し，自分事として捉える），②「さぐる」（原因を追求し，可能性に気づく），③「見つける」（考えを広げて，解決方法を発見する），④「決める」（自分に合った具体的な個人目標や実践方法を決定する），という４つのステップを推奨している。また，実践意欲を高めるために，決めたことを友達と発表し合うこともある。

参考文献
国立教育政策研究所教育課程研究センター（2019）『みんなで，よりよい学級・学校生活をつくる特別活動　小学校編』文溪堂.

文部科学省（2018）『小学校学習指導要領解説　特別活動編』東洋館出版社.

（京免徹雄）

Q 14　特別活動における「自治的活動」の意味を説明しなさい

『中学校学習指導要領（平成29年告示）』「第5章の第3の2の（1）」では，次のように述べられている。

> 　学級活動及び生徒会活動の指導については，指導内容の特質に応じて，教師の適切な指導の下に，生徒の自発的，自治的な活動が効果的に展開されるようにすること。その際，よりよい生活を築くために自分たちできまりをつくって守る活動などを充実するよう工夫すること。

　本項では，『中学校学習指導要領（平成29年告示）解説　特別活動編』（以下，解説）に基づいて「自治的活動」の意味について検討する。

1．指導内容の特質に応じた生徒の自発的，自治的な活動の展開

　解説では，「自発的，自治的な活動」について，「目的をもって編制された集団において，生徒が自ら課題等を見いだし，その解決方法などについての合意形成を図り，協力して目標を達成していくもの」であり，「生徒の自発的，自治的な活動を特質としている内容は，学級活動の『（1）学級や学校における生活づくりへの参画』及び生徒会活動である」としている。

　さらに，学級活動「（1）学級や学校における生活づくりへの参画」について，「特別活動における自発的，自治的な活動の基本となるものである。特に，『学級や学校における生活をよりよくするための課題を見いだし，解決するために話し合い，合意形成を図り，実践すること。』の指導が充実するように努める必要がある。小学校からの積み重ねを生かして学級における自治的な活動に取り組んでいくことが，生徒会活動における自発的，自治的な活動を効果的に展開する上で基盤となる。」と，その重要性を指摘している。

2．特別活動における「自治的活動」の意味

　それでは，特別活動における「自治的活動」の意味をどのように理解する

ことが必要なのだろうか。特別活動とは，「自治と文化の創造を核とする生活づくりの活動」である。すなわち，子どもたちが自らの意志で，学級及び学校生活の充実と向上のために多様な集団を創り，共通の課題を見つけ，その課題の解決に向けて集団として取り組む生活づくりの実践過程である。しかし，それは，児童生徒だけの力で成し遂げられるものではない。教師との協働が不可欠である。それは，協働と共生の論理に基づく一定のルールの下で，活動の目標，内容，方法，運営に関する選択と決定における自由と責任が児童生徒と教師に保障されるということである。特に，教師には，児童生徒の願いを実現するための責任と能力が求められる。教師との協働があって初めて成立する活動であるからこそ，自治活動ではなく，自治的活動なのである。

　児童生徒と教師の協働による自治的活動が実践されるためには，次の5点を児童生徒と教師の双方の共通理解とすることが必要である。すなわち，1）取り組むべき課題が学級・学校生活の改善目的として明確化され，児童生徒及び教師の間で活動の目標と意味，内容と方法，役割とルール，結果とその価値等が共通に理解されていること（活動の共有），2）活動の計画，実施，評価，改善の過程に自由と責任が確保されていること（主体者意識・自治的能力の形成），3）活動状況に応じて，その結果が随時具体的な形となって表され，目標達成の成否にかかわらず，相応の成就感が得られること（努力と結果の対応関係の自覚：つまずき体験を含む），4）必要なときに必要な指導・援助が得られる（いつでも，どこでも，誰でも「助けてほしい」と言える環境を整える）という保障があること（他者との協働性），5）活動の結果，何かがどこかで確実に変わったという実感（「私たちにもできた，学級や学校が良くなった，やって良かった」）が得られることにより，次の活動への動機づけが成されること（変化，発展，成長体験の自覚）である。

参考文献
安井一郎（2012）「児童会活動・生徒会活動」林尚示編著『教職シリーズ5
　　　特別活動』培風館.

（安井一郎）

Q 15　特別活動における異年齢集団での活動の意義について説明しなさい

1．特別活動における異年齢活動の位置づけ

　2017年・2018年改訂の学習指導要領では，小学校，中学校，高等学校ともに特別活動の「内容と取り扱い」として，「異年齢集団による交流を重視するとともに，幼児，高齢者，障害のある人々などとの交流や対話，障害のある幼児児童生徒との交流及び共同学習の機会を通して，協働することや，他者の役に立ったり社会に貢献したりすることの喜びを得られる活動を充実すること」を定めている。引用の冒頭にある「異年齢集団による交流」とは，児童会・生徒会活動（集会活動，委員会活動，ボランティア活動等），学校行事，クラブ活動などにおいて，同じ学校に所属する異学年の児童生徒が協力・協働することを指す。一方で，学校行事や児童会・生徒会活動の一環として異校種，事業所，老人介護施設を訪問するなど，同じ学校という枠組みの外において異年齢で活動したり，地域において世代を越えて交流したりする機会もある。ここでは前者に絞って，その意義について考えてみたい。

2．異年齢集団による交流の意義

　異年齢集団は，成員の間に能力や経験などに関して大きな差異があるため，同年齢に比べて対等の立場で競争する意識は比較的薄く，相互の差異を尊重しながら活動を展開できるという利点がある（京免，2021）。すなわち，上学年の児童生徒は下学年への思いやりの気持ちや責任感を高め，リーダーシップを発揮することで，自己有用感を獲得できる。また下学年の児童生徒は，上学年を補佐したり，憧れの気持ちをもったりすることにより，成長や学習への動機が高まる。こうした効果を発揮するため，交流にあたって教師は，上学年と下学年の双方にとって学びがある（互恵性），1回だけでなく日常的に交流する（継続性），顔の見える親密な関係をつくる（名付け合う

関係性),特別活動全体の展開過程をふまえて活動をデザインする（物語性),
といったことを意識する必要がある（京免, 2021)。異学年でグループを編
成して，遊びや掃除，給食，登下校などを行ういわゆる「縦割り活動」は,
これらの4つの原理を比較的満たすように設計しやすい。

　小学校において，児童会活動は異年齢活動の最も中心的な時間であり，そ
の内容の1つに「異年齢集団による交流」が含まれている。教師は，中心と
なって活動を進める高学年の児童が，リーダーとしての経験を重ねながら主
体的に役割を果たし，自分に対する自信を高められるように支援しなければ
ならない。下学年の児童は，そのような上学年の姿に親しみやあこがれ，尊
敬の気持ちを抱き，「自分もこうなりたい」という思いや願いをもつことで,
学校生活に対して目標や希望を抱くことができる。

3.　小中一貫校における異年齢活動の可能性

　近年増加しつつある義務教育学校（2017年時点で48校),小中一貫型小学
校・中学校（同253件）においては，小学生と中学生が日常的に交流できる
という長所がある。中学1～3年生が小学1年生と交流する「お世話活動」
を通して，中学生の社会貢献意識，自己充足感，上級生意識が向上したこと
が報告されているように（石井, 2011),年齢差の大きい集団での交流は新
たな可能性をもっている。小学生にとっても「中学生の先輩」というロー
ル・モデルに早くから触れることは，自己のキャリアに見通しをもち，意欲
的に学校生活を送ることに結びつく。一方で，最高学年でなくなってしまっ
た小学6年生が，異年齢活動の中でリーダーシップを発揮できるような機会
を確保するといった配慮も重要である。

参考文献

石井久雄（2011)「小中一貫校における中学生から小学生への『お世話活動』
　　　の意義に関する考察」『日本特別活動学会紀要』第19号, pp.23-31.
京免徹雄（2021)「児童会活動の指導と目標」上岡学編著『特別活動』ミ
　　　ネルヴァ書房, pp.81-101.

　　　　　　　　　　　　　　　　　　　　　　　　　　　（京免徹雄）

Q 16 特別活動の指導計画（全体計画・年間指導計画）策定上のポイントについて述べなさい

1．全体計画の作成にあたってのポイント

　児童生徒が特別活動の学習過程を展開し，その目標を達成するためには，調和のとれた特別活動の全体計画と，それに基づいた各活動・学校行事の年間指導計画を作成する必要がある。全体計画に示す内容としては，「学校教育目標」「特別活動の重点目標」「各教科等との関連や危機管理との関連」「各活動・学校行事の目標と指導の方針」「特別活動に充てる授業時数等」「特別活動を推進する校内組織」「評価」などが考えられる（文部科学省，2018）。

　その中でもカリキュラム・マネジメントにあたってまず重要なのが，重点目標の設定である。ただし，特別活動で育成を目指す資質・能力の3つの視点「人間関係形成」「社会参画」「自己実現」をそのまま提示したり，抽象的なスローガンを掲げたりしても，それは生きた目標として機能しない。学校の現実・実態に即して，児童生徒が頑張れば達成できる目標を，評価・検証可能な言葉で，具体的に焦点化して記述し，さらにいつまでに達成するのか明確にする必要がある（京免，2019）。そのうえで，目標に向けた児童生徒の主体的・対話的で深い学びを実現するために，各活動・学校行事の内容や教職員の協力体制などを考案することが求められる。

2．年間指導計画の作成にあたってのポイント

　全体計画に基づいて，年間を通じた各活動・学校行事ごとの目標，内容，方法，指導の流れ，評価などを示したのが年間指導計画である。作成にあたっての配慮事項として，小・中を例に6つ挙げておきたい（文部科学省，2018）。

　第1に，学校の創意工夫を生かすことである。地域や生徒の実態，さらにはこれまでの経験や反省をふまえて，組織的に年間指導計画を編成（Plan），実施（Do），評価（Check），改善（Act）すること，すなわちPDCAサイク

ルを展開していくことが望ましい。

第2に，児童生徒の発達段階を考慮することである。年齢に応じた発達課題や指導の目安などをふまえる一方で，自発的・自治的活動については，児童生徒がこれまでに集団活動をどれだけ経験しているのかによる差も大きい。学年を基準に固定的に考えるのではなく，個々の成熟状況や集団としての発達状況を診断・把握し，指導計画に反映させることが求められる。

第3に，各教科，道徳科（Q18参照），総合的な学習の時間などの指導との関連を図ることである。例えば総合学習と特別活動には，子どもが自主的・協働的に活動する，体験活動を重視するといった共通点がある。一方で，前者は社会課題を，後者は生活問題を解決する，前者は実践を前提としないが，後者は実際の行動を通して展開される，などの違いもある（矢澤，2010）。共通点と相違点をふまえて両者を往還させることで，相乗効果が期待できる。

第4に，児童生徒による自主的，実践的な活動を助長することである。「やれること」と，「やれないこと」の範囲・条件を明示したうえで，可能な限り子どもが立てた計画に基づいて活動が実践されることが望ましい。

第5に，家庭や地域と連携し，社会教育施設を活用することである。家庭・地域と協力することで，生活づくりを学級・学校の外側に拡張できる。

第6に，学級経営および生徒指導に関連づけることである。教師の学級経営の目標・方針に即して学級活動を計画することで，両者の充実につながる自発的・自治的活動を展開できる。また，いじめの防止という視点を重視して，生徒指導に寄与する指導計画を策定することも求められている。

参考文献

京免徹雄（2019）「ポートフォリオでつなぐ特別活動のカリキュラム・マネジメント」『特別活動のアクティブ・ラーニング』ぎょうせい，pp.28-31.

文部科学省（2018）『中学校学習指導要領解説　特別活動編』東山書房.

矢澤雅（2010）「特別活動と総合的な学習」山口満・安井一郎編『特別活動と人間形成』学文社，pp.97-108.

（京免徹雄）

Q 17 特別活動と生徒指導及び学級経営との関係について説明しなさい

1. 生徒指導及び学級経営とは

　特別活動は文部科学大臣が定めた小学校から高等学校までの学習指導の内容である。それに対して，生徒指導や学級経営は学習指導の内容ではない。また，生徒指導と学級経営についてもそれぞれ違いがあり，生徒指導は特別活動に近く，教師から児童生徒への教育活動の一部である。それに対して学級経営は必ずしも明確に定義されたものではないが，これまでに「学級経営研究会」（研究代表者・国立教育研究所長吉田茂，研究総括責任者・小松郁夫）などの研究の蓄積がある。この研究会では，「学級」を1年間という「時間」と，教室という「場」においてつくり上げられるものとしている。そのため，学級経営とは学級担任教師による「時間」と「場」の経営である。なお学級経営（class management）については，世界的にも研究は多くはなく，日本の教育機関や研究機関が力を入れて研究している特徴ある内容の1つである。

2. 特別活動と生徒指導との関係

　特別活動と生徒指導との関係については，文部科学省国立教育政策研究所生徒指導・進路指導研究センター（2012）が定義をしている。そこでは特別活動は「生徒指導にとって重要な教育活動の場」であるとされている。そして特別活動は教育課程において生徒指導の中核的な役割を果たしているとも説明されている。特別活動は生徒指導の場であり中核的な役割を担っているとして，その役割を発揮するために，同センターでは，①児童生徒に「自己存在感」を与えること，②教師と児童生徒の信頼関係及び児童生徒相互の「共感的な人間関係」を育てること，③「自己決定」の場や機会をより多く用意し，児童生徒が自己実現の喜びを味わうことを提唱している。キーワードとなるのは児童生徒の「自己存在感」「共感的な人間関係」「自己決定」である。

　筆者はこの中で，特に集団や社会に受け入れられる児童生徒の「自己決定」が重要だと考えている。そして，集団や社会に受け入れられる「自己決定」の実現のための前提として「自己存在感」「共感的な人間関係」が不可欠なのではないだろうか。特別活動で教師が児童生徒の自主的，実践的な態度を育成するための場づくりをするのも，児童生徒の社会的な自己実現につながる「自己決定」の力を高めるためである。

3．特別活動と学級経営との関係

　特別活動と学級経営との関係について，文部科学省国立教育政策研究所教育課程研究センター（2013）では，学習指導要領解説を根拠として，特別活動は学級経営の充実に貢献することが期待されると解説している。学習指導要領解説では，具体的には次のようなプロセスを経る。①特別活動の充実→②児童の自治的な能力を高めるようにしたり，生活や学習に適応できるようにしたりする，②互いのよさを生かして自分たちの学級生活をよりよくしようとする意識が高まり，児童一人ひとりが生き生きと生活や学習に取り組むようになる→③よりよい学級経営の実現につながる。学校行事に向けて学級で話合い活動をすることも多いため，所属感や連帯感が高まり，集団意識や協調性が育成される。多様な学校行事が年間を通して実施されることもあり，「学級」を1年間という「時間」と，教室という「場」においてつくり上げるために学級活動が学級経営にとって大きな意味をもつ。

参考文献・URL
国立教育政策研究所教育課程研究センター（2013）『楽しく豊かな学級・学校生活をつくる特別活動（小学校編）』（教員向けリーフレット）https://www.nier.go.jp/kaihatsu/pdf/tokkatsu_j.pdf（2020年5月8日閲覧）.
国立教育政策研究所生徒指導・進路指導研究センター（2015）『生徒指導リーフ Leaf.6特別活動と生徒指導』https://www.nier.go.jp/shido/leaf/leaf06.pdf（2020年5月8日閲覧）.

（林　尚示）

Q18 特別活動と道徳教育及び特別の教科道徳との関係について説明しなさい

1．特別活動と道徳教育の関連

　2017年・2018年改訂の学習指導要領では，小・中・高等学校において，総則に示された道徳教育の目標に基づき，特別活動の特質に応じて適切な指導をすることが求められている。西野（2019）によると，特別活動と道徳教育の重なりは「よりよく」という方向性を含むことにある。特別活動で育成を目指す資質・能力の３つの視点に注目すると，「人間関係形成」は人間関係をよりよく形成すること，「社会参画」は集団や社会をよりよくするために参画すること，「自己実現」は現在及び将来の自己の生活の課題を発見し，よりよく改善することを意味しており，いずれも「よさ」（道徳性）を志向する活動である。「よりよく生きる」という共通点を意識して特別活動の学習過程を展開していくことが，道徳教育の充実につながる。

　特に小・中学校においては，「特別の教科 道徳」（道徳科）の内容（表1-18-1）をふまえた指導が学習指導要領で求められている。これらの諸価値を手がかりに，学級や学校生活における集団活動や体験的な活動を見直し，日常生活において道徳的な実践を行う機会を児童生徒に提供することが重要で

表1-18-1　道徳科の視点と内容項目（中学校）

視点	内容項目
A 自分自身	自主，自律，自由と責任／節度，節制／向上心，個性の伸長／希望と勇気，克己と強い意志／真理の探究，創造
B 人との関わり	思いやり，感謝／礼儀／友情，信頼／相互理解，寛容
C 集団や社会との関わり	遵法精神，公徳心／公正，公平，社会正義／社会参画，公共の精神／勤労／家族愛，家庭生活の充実／よりよい学校生活，集団生活の充実／郷土の伝統と文化の尊重，郷土を愛する態度／我が国の伝統と文化の尊重，国を愛する態度／国際理解，国際貢献
D 生命や自然，崇高なものとの関わり	生命の尊さ／自然愛護／感動，畏敬の念／よりよく生きる喜び

（2017年改訂『中学校学習指導要領』より筆者作成）

ある。また，道徳に則った自治的活動を通して，学級や学校を民主的で公正な集団，すなわちコールバーグ（Kohlberg, L.）のいう「ジャスト・コミュニティ」にしていくことは，その道徳的雰囲気によって個人の行為を変容させることにつがなり，道徳性の育成に貢献できる（京免，2021）。

２．特別活動と道徳科との関連

　小・中学校においては，特別活動の全体計画や各活動及び学校行事の年間指導計画の作成にあたって道徳科との関連を図ることが，学習指導要領に明記されている。そのためには，特別活動と道徳科を往還させる横断的・総合的なカリキュラム・マネジメントが必要である。すなわち，道徳科で学んだ道徳的価値を実践的活動の中で言動や行動として示す一方で，特別活動で経験した道徳的行為について道徳科の中で取り上げ，その意義について考えていくことで，道徳性を相乗的に高めていくことができる。

　一方で，道徳科と特別活動の目指すところには，本質的な違いもある。例えば，学級活動では，人間関係に関する現実の問題をどのように解決するかを話し合い，集団として取り組むべき解決策を合意形成したり，自分が行うことを意思決定したりする。一方で道徳科では，なぜ人間関係をよりよく構築することが大切なのか，大切だとわかっていてもできないのはなぜか，といったことを問いながら道徳的価値の理解を深めていく。つまり，特別活動は道徳的な実践そのものを行うこと，道徳科は道徳的な実践を行うために必要な道徳性を養うことを重視しているのである。したがって，両者の共通点と相違点をふまえ，それぞれの特質を生かした関連づけが求められる。

参考文献

京免徹雄（2021）「児童会活動の指導と目標」上岡学編著『特別活動』ミネルヴァ書房，pp.81-101.

西野真由美（2019）「道徳教育」日本特別活動学会編『三訂 キーワードで拓く新しい特別活動』東洋館出版社，pp.62-63.

（京免徹雄）

Q 19 特別活動の評価の在り方のポイントについて述べなさい

1. 資質・能力を評価する「モノサシ」の作成

　特別活動における評価において重要なのは，子ども一人ひとりのよさや可能性を積極的に認めるとともに，資質・能力がどのように成長しているかを，各個人の活動状況に基づいて明らかにすることである。そのためには，まず観点と規準（モノサシ）を用意する必要がある。特別活動では，各学校が評価の観点およびその趣旨を定めることになっているが，この際に自校の実態をふまえて焦点化することが重要である。次に，絞り込んだ観点をふまえて，各活動・各学校行事で育成を目指す資質・能力を設定し，それに基づいて評価規準を作成する。表1-19-1は学級活動(1)の例であるが，これでもまだ抽象度が高いため，対象となる活動や行事の特性をふまえてさらに具体化する必要がある。最後に，1単位時間の指導計画において，規準に即して特定の状況における「目指す子どもの姿」が，行動レベルで記述される。

表1-19-1　学級活動 (1)「学級や学校における生活づくりへの参画」の評価規準 (例)

よりよい生活を築くための知識・技能	集団や社会の形成者としての思考・判断・表現	主体的に生活や人間関係をよりよくしようとする態度
学級や学校の生活上の諸問題を話し合って解決することや他者と協働して取り組むことの大切さを理解している。合意形成の手順や活動の方法を身に付けている。	学級や学校の生活をよりよくするための課題を見いだしている。課題解決に向け，話し合い，多様な意見を生かして合意形成を図り，協働して実践している。	学級や学校における人間関係を形成し，見通しをもったり振り返ったりしながら，他者と協働して日常生活の向上を図ろうとしている。

（出典：国立教育政策研究所教育課程研究センター〔2020〕）

2. 多面的な根拠に基づく協働的な評価体制の整備

　活動状況を客観的に評価するためには，児童生徒のワークシート，教師による行動や発言の観察記録などの根拠資料を，「目指す子どもの姿」に照らし合わせて見取ることが不可欠である。ただし，全校や学年を単位として行

う活動では学級・ホームルーム担任以外の教師が指導することも多いため，いつ，誰が，何を対象に評価を行い，その結果をどうやって共有するかをあらかじめ定めておくとよい。さらに，「補助簿」の活用も有効である。一人ひとりについて，観点別にみた「目指す子どもの姿」の達成状況とその根拠を記録することで，様々な場面での評価をつなぐことができる。また，学校行事等では，担任が指導担当の教師から子どもの様子に関するメモをもらい，補助簿に記入することで，異なる複数の視点から評価できる。年度末の総括的評価では，蓄積された補助簿の内容を評価規準に照らして総体的に判断し，「十分満足できる活動の状況にある」場合は指導要録に〇印を記入する。

3．評価結果のフィードバックと指導の改善

　評価結果は，学期末や学年末のみならず，日常的に子ども自身にフィードバックされる（形成的評価）ことが望ましい。そのために活用できるのが相互評価（仲間からのコメント）や自己評価（数値や記述）であり，他者および自己との対話によって学習意欲を高める効果が期待される。特に，「キャリア・パスポート」（第3章Q10参照）を活用したポートフォリオ評価は，蓄積された記録に対して教師がコメントを記入したり，それに基づきキャリア・カウンセリングを行ったりすることで，子どもに学習の意義や価値を実感させることができる。さらに，評価結果は指導の改善にも生かさなければならない（指導と評価の一体化）。例えば，指導要録の「特別活動の記録」に記載された総括的評価の結果を，「キャリア・パスポート」の記述と照らし合わせて解釈することで，改善への具体的な道筋を見いだせる。

参考文献

国立教育政策研究所教育課程研究センター（2020）『「指導と評価の一体化」のための学習評価に関する参考資料　中学校　特別活動』東洋館出版社.

京免徹雄（2020）「中学校における特別活動の特質を踏まえた学習評価のポイント」『中等教育資料』1012号，pp.20-21.

（京免徹雄）

第 2 章
生徒指導

Q1 生徒指導によってはぐくまれるべき自己指導能力の育成のためには，どのような指導観に基づき取り組むべきか３点に分けて述べなさい

1．自己指導能力の育成における指導観とは

　生徒指導の主目的は，児童生徒の自発的・主体的な成長及び発達を支援することにある。そして，自己指導能力の育成は生徒指導の根幹を成す，教師が目指すべき重要な事項である。『生徒指導提要』においても，自らの人格の完成を自分自身で追求することができる児童生徒を育てるために，自発性，自主性，自律性，及び主体性といった資質がはぐくまれることが重要だと述べられている。そして，それら自己指導能力の育成には，「場や機会の提供」「自己決定と参加・役割・責任感」「教師のかかわり方」という３つの指導観を基に取り組む必要があると考えられてきた。

2．３つの指導観の説明

　『生徒指導提要』では，自らの人格の完成を自分自身で追求する児童生徒を育てるために，自発性，自主性，自律性，主体性といった資質・能力がはぐくまれることが重要だと述べられている。そして，それら自己指導能力の育成は生徒指導の中核として位置づけられている。児童生徒が主体的に自らの人格の完成を求めるような人物に成長してもらうことを目標に，教師は以下の３つの指導観に基づいて，児童生徒が学校生活での諸活動に主体的に取り組むように指導を行う必要がある。

（1）場や機会の提供

　「場や機会の提供」とは，児童生徒が学校生活での諸活動に主体的に取り組めるような場や機会を，教師が工夫しながら提供して指導にあたることを指す。教師が過度に介入して形だけの主体的な行動を導くのではなく，「主体性を発揮できるような場や機会なくしては，児童生徒自身の主体的行動へ

の意欲や意志を十分にはぐくむことは叶わず，自己指導能力の定着は見込めない」という理念をもって指導に取り組む必要があるということである。その際，活動の場や機会を工夫して提供することが重要となる。特に，学校行事や学級活動といった特別活動は，児童生徒による主体的な取り組みを導きやすく，利用が推奨される。学習指導要領では，特別活動の目標は，集団や社会の一員としてよりよい人間関係及び学校生活・日常生活を築こうとする自主的な態度を育て，自分の在り方・生き方についての考えと自覚を深めることにつながると述べられている。また，『生徒指導提要』においても，特別活動の目標と自己指導能力の育成には密接な関係があることが示唆されている。それゆえ，そのような場や機会の提供を通して，自己指導能力の成長にとって好ましい行動を促進するように指導に取り組むべきである。

（2）自己決定と参加・役割・責任感

「自己決定と参加・役割・責任感」とは，学級や学校の行事等を利用して主体的な活動の場や機会を提供する際，児童生徒に活動内容を選択させたり，意気込みを述べさせたりなどして，自己決定を求めていくような工夫をして指導を行うことを指す。つまり，参加させられているのではなく，主体的に参加している意識をもってもらう必要がある。また，普段の学級活動や特別な行事に取り組んでもらう過程で，特別でやりがいのある役割を与えて責任感をもって遂行してもらうことも重要だと考えられている。特別な役割・仕事を与えることは，より一層の自発性や自主性を引き出すことが期待できるとともに，責任感をもってもらうことができるからである。役割を適切に果たすために努力することを通して自身の存在感を確認でき，それを全うしたときに，さらなる自発性や自主性が生まれてくることも期待できる。

（3）教師のかかわり方

「教師のかかわり方」とは，児童生徒が自発性や自主性を発揮しながら活動に取り組んでもらうことが重要だと理解したうえで，彼女ら/彼らにかかわり指導を行うことを指す。そのことは，主体的な活動の場や機会を提供する際のみならず，取り組みの過程及び活動内容を振り返る際にも該当する。つまり，自発性，自主性，自律性，主体性が十分にはぐくまれたかというこ

とが何よりも重要であるため，活動の場・機会における主体性の発揮ではなく成果を気にかけた介入や助言，激励，評価をしないように留意するという指導観が求められる。例えば，教師からの評価を気にかけて自主性が発揮されなくなることを防ぐために，事前に自分で目標を設定してもらい，後に活動において自主性を発揮できたかに関する達成度を自己評価してもらうなどの工夫が必要である。教師主導による介入やお膳立てを避けることに留意する必要がある。

3．発展：自己指導能力と Well-being

（1）生徒指導における自己指導能力の育成と指導観

　生徒指導とは，児童生徒一人ひとりの個性の尊重に基づき，その伸長を図るとともに，社会的な資質・能力をはぐくみ，一生涯にわたって社会の中で自己実現ができるような資質・態度を身に付けてもらうことを目標する教育活動である。殊に，自らの人格の完成を自分自身で追求する児童生徒を育てるために，自己指導能力の育成が生徒指導の中核に位置づけられている。『生徒指導提要』だけでなく学習指導要領（中学校，高等学校）においても，「生徒が自主的に判断・行動し積極的に自己を生かしていくことができるよう」な生徒指導計画の作成を求めており，自己指導能力の育成は重要な課題と言える。

　この自己指導能力は，自らの生活の中での問題や課題を自主的に判断・発見したうえで，自らの力で適切な解決法や採るべき進路を主体的・自律的に選択し，積極的に自分の素質・能力，興味・関心を伸長させていくことができる力であると考えられてきた。そして，自発性，自主性，自律性，主体性といった資質がその構成要素であるという共通理解が形成されている。特に，選択や決定の際における熟考，選択・決定の結果に対する責任の自覚，決定したことの実現に向けての努力の重要性，そして自分の欲求を満たすことのみならず周りの人々との相互作用の意識の形成を指導することは重要である。社会に適応しながら，周りの人々との協調・協働をしたうえでの自己決定・自己選択の重要性が謳われており，そのような社会的存在としてのあり方を強調して「社会的自己指導能力」と言及されることも近年では増えてきている。

　教科指導や学級活動，特別活動など，教師は学校生活のあらゆる機会を活用して自己指導能力の育成に取り組む必要がある。具体的には上に述べたように，「場や機会の提供」「自己決定と参加・役割・責任感」「教師のかかわり方」という3つの指導観に基づき取り組むべきだと考えられている。

（2）自己指導能力，自由，そして Well-being

　自発性，自主性，自律性，主体性という自己指導能力と関連する概念として，自由選択の感覚が挙げられる。これは，自分が望むような生き方・行動を自由に選択していると個人が考える程度と定義される。日々，自由を享受するためには，自分自身の興味・関心を明確に把握したうえで独立した個人として振る舞う必要があり，また，適切な人間関係を築いたうえで唯々諾々（いいだくだく）と他者に従うのではなく積極的に行動する必要がある（もちろん，他者に迷惑をかけない範囲内での自由が推奨される）。国際比較調査において，他の先進諸国と比べて日本人の自由選択の感覚は低いことが示されており，幸福な人生を送っている程度である Well-being も比較的低いことが一貫して報告されてきた。著者による社会人や大学生を対象とした一連の調査研究において，日本人においても，この自由選択の感覚は Well-being の重要な規定因であり，自由選択の感覚が高まれば Well-being の向上が見込めることが明らかになっている。また，学校教育現場における児童生徒（高校生）を対象とした近年の研究においても，同様に，自由選択の感覚が Well-being に果たす役割は大きいという結果が得られている。以上から，自分が望むような生き方・行動を自由に追求するために必須の自己指導能力の育成は，児童生徒が現在及び将来においてより良い人生を送ることにつながると言える。

参考文献

神野建・原田恵理子・森山賢一（2015）『最新 生徒指導論』大学教育出版.

文部科学省（2010）『生徒指導提要』教育図書.

文部科学省（2019）『高等学校学習指導要領（平成30年告示）解説　総則編』東洋館出版社.

中村豊編著（2019）『「生徒指導提要」の現在を確認する理解する』学事出版.

中里直樹（2017）「日本人の Well-being の低さに関する要因の検討 ── 自由選択の感覚を低める日本の社会環境」広島大学大学院教育学研究科学位論文.

中里直樹・古城和敬（2019）「高校生における自由選択の感覚と人間関係の固定化が Well-being に及ぼす影響」『九州心理学会第80回大会発表論文集』, p.32.

矢野正（2018）『生徒指導・進路指導論』ふくろう出版.

（中里直樹）

Q2　生徒指導の三機能を挙げ，それぞれについて説明しなさい

1．生徒指導の三機能とは

　生徒指導の三機能とは，「児童生徒に自己存在感を与えること」「共感的な人間関係を育成すること」「自己決定の場を与え自己の可能性の開発を援助すること」の3つを指す。これら3つは，生徒指導がもつ機能の内容の主たるものとされてきた。『生徒指導提要』においても，日々の教育活動の中で，この「3点に特に留意することが求められる」とされている。

2．各機能の説明

　三機能それぞれの意味や，関連する教師の行動について，以下に述べる。

（1）自己存在感を与える

　自己存在感とは，自分は価値のある存在であると実感することと言える。これは，児童生徒が個別性，独自性を尊重されるときに生じる感情である。したがって，自己存在感を与えるためには，教師が児童生徒一人ひとりをかけがえのない存在として捉える姿勢や，一人ひとりの存在を大切に思い，指導することが求められる。学校教育は，学級という複数の児童生徒からなる集団を基本単位として営まれている。したがって，ややもすると，教師の指導は集団指導に偏りがちになり，児童生徒一人ひとりにきめ細かい目配りができにくくなることもある。児童生徒一人ひとりが教室の中で自己存在感を確認できるようにするためには，個別性の原理を踏まえ，児童生徒一人ひとりが独自の個性をもつ存在であるという認識をもった指導が大切になる。

（2）共感的な人間関係を育成する

　共感的な人間関係とは，相互に人間として無条件に尊重し合い，ありのままに自分を語り，理解し合う人間関係を指す。したがって，教師が児童生徒に対して自己開示を行い，人間同士として対等な関係を築くこと，教師が児

童生徒と一緒に弱さを乗り越えようとする姿勢をもつことが重要である。この場合の両者の関係は、「教師は教える者で、児童生徒は学ぶ者」という関係ではない。むしろ、教師も児童生徒も学習者であり、一人の人間として対等であるという認識に立つことによって実現できるものである。もちろん、共感的な人間関係は、教師と児童生徒の間だけではなく、児童生徒同士の間においても育成される必要がある。

（3）自己決定の場を与え自己の可能性の開発を援助する

「自己決定の場を与える」とは、自分や他者のそれぞれの社会的自己実現を図ることを目指して自己の行動を決定する機会を与えることである。児童生徒が決められたことを決められたとおりに行うのではなく、自分で決めて実行する機会を与えることを指す。ただし、自分勝手な自己決定ではなく、他の人々の主体性を大切にすることを根拠にして、自分の行動を考えなければならない。それは、単に自由に行動させることとも異なる。児童生徒の自己決定を多く取り入れた教育実践をするためには、むしろ、教師の指導が必要である。例えば、指導の中で選択の幅を示すなど、児童生徒自身が責任のとれる範囲内で決定させる工夫が必要になる。そして、児童生徒一人ひとりに自己決定の場を提供するということは、授業や学級活動などのあらゆる場において、児童生徒一人ひとりが自分で考え、判断し、行動する機会を与えるということであり、自己指導能力の育成そのものにつながる。

3．発展：授業における「生徒指導の三機能」

『生徒指導提要』でも、学習指導における生徒指導において、「一人一人の児童生徒にとって『わかる授業』の成立や、一人一人の児童生徒を生かした意欲的な学習の成立に向けた創意工夫ある学習指導が、一層必要性を増している」とされている。学習指導に際して、上記の3つの視点に留意することが考えられるとも指摘されている。以下には、それぞれの機能を重視した授業のあり方について述べる。

（1）自己存在感を与える授業

自己存在感を与える授業を一言でまとめると「一人ひとりに学ぶ楽しさや

成就感を味わわせることができる授業」となるだろう。自己存在感を与える授業にするための工夫としては，一人ひとりの児童生徒の個性や興味関心を活かす工夫，それぞれの児童生徒にとって「わかる授業」になる工夫などが挙げられる。それらによって，児童生徒が，授業に参加している，貢献している，と感じることができるためである。

　具体的な教師の行動や指導としては，例えば，一人ひとりに異なるフィードバックをする，児童生徒のパフォーマンスの良い面を具体的に評価するなどの行動によって，教師が児童生徒一人ひとりをよく見ていることが伝わるであろう。また，児童生徒が協力し合いやすい学習形態や発問によって，児童生徒が「参加している」という感覚をもちやすいようにすることも有効である。名前を呼ぶ，目を見て話す，などのように，基本的なコミュニケーションもおろそかにできない。

（2）共感的な人間関係を育成する授業

　共感的な人間関係を育成する授業を一言でまとめると「お互いに認め合い，学び合うことができる授業」となるだろう。特に，教師と児童生徒の間に共感的な人間関係を育成するためには，教師が受容的な態度で児童生徒に接し，児童生徒が安心して授業に取り組むことができるようにする必要がある。一方，特に児童生徒同士に共感的な人間関係を育成するためには，授業の中で，相互に認め合う姿勢が身に付くようにする必要がある。

　具体的な教師の行動や指導として，例えば，授業中の児童生徒の発言を，たとえ的外れのように思われても熱心に聴く，児童生徒のテンポに合わせる，などの教師の姿勢は，児童生徒に「受け入れられている」という感覚をもたせやすいと言える。児童生徒同士でも，誤答を笑ったり冷やかしたりしないような指導が必要である。そしてやはり，児童生徒の発言を聴く際のうなずきやあいづちなどの基本的なコミュニケーションも，教師が共感的な姿勢を示す重要な方法である。

（3）自己決定の場を与え自己の可能性の開発を援助する授業

　自己決定の場を与える授業を一言でまとめると「自ら課題を見つけそれを追求し，自ら考え，判断し，表現する授業」となるだろう。授業の中では，

一人ひとりの児童生徒が主体的に学び，自らコミットすることができるよう，課題の設定や学び方を自分で選択する場を設けるなどの工夫が有効である。自分の考えを表現することや，自己の学習を振り返る機会も，自己の可能性の開発につながる。

　具体的な教師の行動や指導としては，例えば，複数の課題や学習方法，学習形態などから児童生徒が選択できる設定，多様な考えが生じうる発問の工夫などは，児童生徒の主体的なかかわりを促すしかけと言えよう。また，児童生徒自身が調べたり考えたりする活動や時間，あるいは発表する場を設定すると，児童生徒が自らの学習をある程度統制できる。

　これらの活動・工夫は，教師がふだん，授業の中で行っていることであり，とりたてて目新しいものではない。このように，教師が当たり前のように行っている児童生徒への働きかけのほとんどが生徒指導であり，重要な機能を果たしている。留意すべきことは，当たり前とも言えることを，生徒指導の機能をもつ働きかけと自覚しているか，すべての児童生徒を対象に行っているか，計画的に行っているか，そのような体制を築いているか，である。

参考文献・URL

池田隆・北野和則（2012）「自ら学ぶ意欲を育む生徒指導の在り方に関する研究 ── 生徒指導の三機能を生かした学習指導法の開発と評価を通して」『広島県立教育センター平成23年度研究報告』pp.25-42.

国立教育政策研究所生徒指導・進路指導研究センター編（2012）「生徒指導リーフ　Leaf.1　生徒指導って何？」https://www.nier.go.jp/shido/leaf/leaf01.pdf（2020年11月25日閲覧）.

国立教育政策研究所生徒指導・進路指導研究センター編（2012）「生徒指導リーフ　Leaf.6　特別活動と生徒指導」https://www.nier.go.jp/shido/leaf/leaf06.pdf（2020年11月25日閲覧）.

文部科学省（2010）『生徒指導提要』教育図書.

坂本昇一（1999）『生徒指導が機能する教科・体験・総合学習』文教書院.

（森田愛子）

Q3　生徒指導におけるガイダンスとカウンセリングについて，その違いがわかるように説明しなさい

1．学習指導要領におけるガイダンスとカウンセリング

（1）発達支援の指導の両輪としてのガイダンスとカウンセリング

　2017（平成29）年に告示された中学校学習指導要領では，生徒の発達支援のための学校における教育活動として，ガイダンスとカウンセリングの双方を活用することが明示された。「第1章総則　第4　生徒の発達の支援　1　生徒の発達を支える指導の充実の（1）」として，「学習や生活の基盤として，教師と生徒との信頼関係及び生徒相互のよりよい人間関係を育てるため，日頃から学級経営の充実を図ること。また，主に集団の場面で必要な指導や援助を行うガイダンスと，個々の生徒の多様な実態を踏まえ，一人ひとりが抱える課題に個別に対応した指導を行うカウンセリングの双方により，生徒の発達を支援すること。」と記されている。

　また，「第5章特別活動　第3指導計画の作成と内容の取り扱いの2－（3）」には，「学校生活への適応や人間関係の形成，進路の選択などについては，主に集団の場面で必要な指導や援助を行うガイダンスと，個々の生徒の多様な実態を踏まえ，一人ひとりが抱える課題に個別に対応した指導を行うカウンセリング（教育相談を含む。）の双方の趣旨を踏まえて指導を行うこと。」と記されている。

　これらの記述から，ガイダンスは「主に集団の場面で必要な指導や援助」であり，カウンセリングは「個々の生徒の多様な実態を踏まえ，一人ひとりが抱える課題に個別に対応した指導」と定義されること，生徒指導においては，どちらか一方ではなく，双方の指導が必要であることが読み取れる。なお，これらの記述は小学校，高等学校の学習指導要領でも同様である。

（2）生徒指導における集団指導としてのガイダンス

　中学校学習指導要領（平成29年告示）解説特別活動編によれば，ガイダ

ンスとは,「生徒のよりよい適応や成長, 人間関係の形成, 進路等の選択等に関わる, 主に集団の場面で行われる案内や説明」であり, 入学時や新学期に生徒の学級や学校生活への適応を促したり, よりよい人間関係の形成や学習活動, 進路等における主体的な取組や選択及び自己の生き方に関して, 主に学級集団を対象として, 教師が行う指導を指す。

学習指導要領の第1章総則において, 児童生徒が,「自己の存在感を実感しながら, よりよい人間関係を形成し, 有意義で充実した学校生活を送る中で, 現在及び将来における自己実現を図っていくことができるよう, 生徒(小学校にあっては児童)理解を深め, 学習指導と関連づけながら, 生徒指導の充実を図ること。」と記されているように, 学級集団に適応し, よりよい人間関係を形成し, 自己の存在感を実感するとともに, 社会的資質や行動力を高めるために学級集団を対象とするガイダンス機能の充実が求められている。

(3) 生徒指導における個別指導としてのカウンセリング

中学校学習指導要領(平成29年告示)解説特別活動編によれば, 学校におけるカウンセリングは,「生徒一人一人の生き方や進路, 学校生活に関する悩みや迷いなどを受け止め, 自己の可能性や適性についての自覚を深めさせたり, 適切な情報を提供したりしながら, 生徒が自らの意志と責任で選択, 決定することができるようにするための助言等を, 個別に行う教育活動」とされる。カウンセリングは, 一人ひとりの児童生徒の学校生活への適応や人間関係の形成, 進路の選択などについて指導助言を行うものであり, それぞれの発達を促すためにきめ細やかな指導が重要となる。

また, 学級担任やホームルーム担任が行うカウンセリングについては,「特別活動におけるカウンセリングとは専門家に委ねることや面接や面談を特別活動の時間の中で行うことではなく, 教師が日頃行う意図的な対話や言葉掛けのことである。」とされている。教師の行うカウンセリングは, スクールカウンセラーのような心理療法の専門家の行うカウンセリングだけを意味するのではなく, 日常的に行われる意図的な対話や言葉掛けを通した個別の指導を含むものである。個別指導を行う場合に教師のもつべき態度として, カウンセリングマインドの重要性が指摘されている。例えば,『生徒指導提要』

では「すべての教職員が児童生徒の性格特性や心身の発達課題などを十分に
理解し，傾聴と受容及び感情の明確化などカウンセリング感覚のある指導援
助を行う。」とある。傾聴と受容及び感情の明確化などのカウンセリングの
基本的なスキルとされるものを踏まえて児童生徒に寄り添うという態度は，
個別指導を行う際にすべての教師に求められるものである。また一方で，ス
クールカウンセラーや養護教諭との連携もまた課題を抱える児童生徒の個別
指導には必要である。担任教師が児童生徒の課題を一人で抱え込むことなく，
管理職と相談したり，専門家と連携した支援が必要とされている。

2. 『生徒指導提要』における「集団指導と個別指導」

　『生徒指導提要』では，同様のことが集団指導と個別指導として取り上げ
られている。学級集団のような集団全体を対象とする指導と集団の内外にお
ける個を対象とする指導では，「集団指導と個別指導については，集団指導
を通して個を育成し，個の成長が集団を発展させるという相互作用により，
児童生徒の力を最大限に伸ばすことができる」という指導原理があることが
紹介されている。集団指導を通した個の育成とは，例えば，学級集団が，多
様な個性をもつ児童生徒が自由に自分の意見を述べることができる場であ
り，互いを理解し，尊重し合うことができる場であるならば，自他ともに成
長する契機となることを意味する。

　『生徒指導提要』では，図2-3-1のように集団指導と個別指導とが車の両
輪のような関係であることが示されている。図2-3-1は，集団指導と個別指
導のどちらにおいても，すべての児童生徒を対象に，個性を伸ばすことや自

図2-3-1　集団指導と個別指導の指導原理

（文部科学省，2010より筆者作成）

身の成長に対する意欲を高めるという「成長を促す指導」，一部の児童生徒を対象に，深刻な問題に発展しないように初期段階で生徒指導上の諸課題を解決する「予防的指導」，深刻な問題行動や悩みを抱え，それらに適切に対処できず特別に支援を必要とする児童生徒に対する個別指導や支援のような「課題解決的指導」という3つの目的をもつこと，それらの目的のためには児童生徒を十分に理解することが何よりも大切であることを表している。

3．ガイダンスとカウンセリングの関係

　児童生徒が，他者とのかかわりを通して自らを社会的存在として捉えられるようになるには，集団指導を通して発達段階に応じた社会性の発達を支援することが重要である。一方，学級集団に適応できない児童生徒の場合のように，集団から離れて行う個別の指導や援助が必要な場合もある。『生徒指導提要』では，「生きる力」を伸ばすという生徒指導においては，両者の指導は別々のものではなく，「集団に支えられて個が育ち，個の成長が集団を発展させるように，相互作用によって，児童生徒は社会で自立するために必要な力を身に付けていける」とされている。

　集団を対象として同質的な指導を全員に行うガイダンスと，個々の生徒が抱える課題に対して個別指導により行うカウンセリングはどちらか一方で十分というものではなく，学級担任やホームルーム担任にとって，まさに指導の両輪であり，両者の指導を充実させ，相補的に活用した指導・援助により児童生徒の発達を支援することが求められている。

参考文献

文部科学省（2017a）『中学校学習指導要領（平成29年告示)』東山書房.

文部科学省（2017b）『中学校学習指導要領（平成29年告示）解説　特別活動編』東山書房.

文部科学省（2010）『生徒指導提要』教育図書.

（中條和光）

Q4　成長を促す指導・予防的な指導・課題解決的な指導について，その違いがわかるように説明しなさい

1．生徒指導の目的

　生徒指導の目的は，『生徒指導提要』に書かれているとおり「一人一人の児童生徒の健全な成長を促し，児童生徒自ら現在及び将来における自己実現を図っていくための自己指導能力の育成を目指す」ことである。つまり現在何らかの問題に直面している児童生徒への指導はもちろん，すべての児童生徒に対して，学校や社会でよりよい生活を送れるようにするための指導を行うことが，生徒指導として行われるべき指導である。そのために『生徒指導提要』では生徒指導を「成長を促す指導」，「予防的な指導」，「課題解決的な指導」の3つに分類している。これらの違いを端的に述べれば，「成長を促す指導」はすべての児童生徒を対象とした能力開発的な指導，「予防的な指導」は何らかの躓きがみられる児童生徒を対象とした問題の深刻化防止のための指導，「課題解決的な指導」は深刻な問題を抱えた児童生徒を対象とした問題解決のための指導である。

2．3つの生徒指導

（1）成長を促す指導

　「成長を促す指導」は，『生徒指導提要』では「すべての児童生徒を対象に，個性を伸ばすことや，自身の成長に対する意欲を高めること」を目的とした指導であると説明されている。近年の子どもたちの多くが，社会性や自尊感情の低下，規範意識の希薄化などの課題を抱えている。また現時点でいじめや不登校といった問題に直面していない児童生徒でも，今後それらの問題に直面する可能性がある。これらの課題を解決し，また必要な能力を身に付けて学校や社会においてよりよい生活を送るためにも，能力伸長・獲得のための「成長を促す指導」を行う必要がある。成長を促す指導には，ソー

シャルスキル（対人関係を円滑に進めるための知識や技能）トレーニング，非行や犯罪被害の防止教育の実施，また児童生徒がよりよい学校生活が送れるような学級運営など様々な方法がある。

（2）予防的な指導

「予防的な指導」とは，「一部の児童生徒を対象に，深刻な問題に発展しないように，初期段階で諸課題を解決すること」を目的とした指導である。ここでいう一部の児童生徒とは，これまで仲の良かった友人との関係がうまくいっていない，欠席が増えてきたなど，これまでとは様子が異なっていて「気になる」者や，転校生など問題に直面するリスクの高い者が該当する。これらの児童生徒たちが問題を抱えないようにするため，あるいは深刻化を防ぐための指導である。指導の方法には，直面している問題そのものの解決をサポートする方法と，問題を解決できるような力を児童生徒自身に身に付けさせる方法の2つが考えられる。例えば，社会的なスキルが未熟な児童生徒個人に対してソーシャルスキルトレーニングを行うことは後者に該当する。自己指導能力の育成という生徒指導の目的を踏まえれば，このような能力獲得のための指導を行うことが望ましいと言える。

（3）課題解決的な指導

「課題解決的な指導」とは，「深刻な問題行動や悩みを抱え，なおかつその悩みに対するストレスに適切に対処できないような特別に支援を必要とする児童生徒」に対する指導である。このような問題の解決には専門的な知識が必要な場合も多く，学級担任ひとりで解決することは難しい。そこで特に課題解決的な指導においては，管理職や生徒指導担当教員，養護教諭，スクールカウンセラーや特別支援コーディネーターなどとチームを組んで支援に取り組むことが望ましい。さらに校内の教職員だけではなく，必要に応じて警察や医療機関との連携も必要である。

　一般に「生徒指導」というと，このような深刻化した問題への対処がイメージされがちであるが，これは正確ではない。課題解決的な指導はもちろん，予防的な指導，成長を促す指導いずれも重要であり，これらを意図的かつ計画的に実施して児童生徒の自己指導能力を育成していかなければならない。

3．いじめに対する 3 つの生徒指導例

　学校内での問題行動や不適応に対してどのような生徒指導が行われるのか，ここではいじめを題材に具体例や実施の際の注意点などを示す。

（1）成長を促す指導

　いじめは特定の児童生徒だけがかかわる問題ではなく，特に仲間外れや陰口，無視などによるいじめは，ほとんどの児童生徒が加害と被害両方の経験がある。このことを踏まえると，すべての児童生徒に対していじめの加害者にならないような指導を行うことが，いじめの発生を未然に防ぐことにつながる。そのための取り組みの 1 つに，問題行動と両立しない望ましい行動を伸ばす「ポジティブ行動支援」という手法がある。いじめに直結するような陰口とは両立しない，児童生徒の望ましい言葉を称賛することはもちろん，授業中の望ましい授業参加行動を称賛することによっても，いじめを含む生徒指導上の問題の発生率が減少することが示されている。

（2）予防的な指導

　予防的な指導を行うためには，教師が児童生徒の変化に敏感であることが重要である。そのために，アンケートや面談といった変化を知るためのツールを日ごろから用意し，定期的に実施する方法が考えられる。そして変化の見られた児童生徒が相談しやすい場を設け，児童生徒が問題を解決できるような指導を行うことが必要である。

（3）課題解決的な指導

　課題解決的な指導においては組織的な対応を行い，いじめを受けた児童生徒の安全を確保したり，被害児童生徒だけでなく加害児童生徒からも事実関係を聴取したりすることなどが重要である。そして問題の指導後にも，被害児童生徒が安心して学校生活が送れるような配慮や，加害児童生徒がいじめをするに至った背景要因（ストレス）解消のための指導を行う。いじめの再発や，いじめをきっかけとする二次的な問題の発生を防ぐためにも，長期的な支援が必要である。

参考文献・URL

小林彰彦（2014）「子どもの現代的変容と生徒指導 ― 生徒指導の基盤づくり」『教育學雑誌』50, pp. 137-145.

国立教育政策研究所（2013）「生徒指導支援資料4 『いじめと向き合う』いじめについて，正しく知り，正しく考え，正しく行動する」https://www.nier.go.jp/shido/centerhp/2507sien/ijime_research_outline.pdf（2020年9月18日閲覧）.

倉敷市教育委員会（2019）「人権教育実践資料4ポジティブな行動支援によるいじめの未然防止」https://www.city.kurashiki.okayama.jp/secure/122717/jinkenkyouikujissensiryou4web.pdf（2020年9月18日閲覧）.

文部科学省（2010）『生徒指導提要』教育図書.

庭山和貴（2020）「中学校における教師の言語賞賛の増加が生徒指導上の問題発生率に及ぼす効果 ― 学年規模のポジティブ行動支援による問題行動予防」『教育心理学研究』68, pp. 79-93.

（金子〔田中〕紗枝子）

Q5　生徒指導におけるチーム支援の重要性と在り方について説明しなさい

1．生徒指導におけるチーム支援

　教師やスクールカウンセラー，養護教諭など，児童生徒を取り巻く校内外の人々が連携して教育活動を行う「チームとしての学校」（以下，「チーム学校」）の組織体制が求められている。生徒指導においてもチーム支援は非常に重要である。生徒指導におけるチーム支援には，校内連携だけでなく，学校種間の連携や，警察や医療・福祉などの関係機関との連携が必要となる。

2．生徒指導におけるチーム支援の重要性とあり方

　不登校や非行など生徒指導上の諸問題は多様で複雑である。個々の児童生徒が適切な支援を受けることができるよう，多様な専門性を含むチーム支援体制を構築することが重要である。「チームとしての学校の在り方と今後の改善方策について（答申）」では，「チーム学校」を実現するために，「専門性に基づくチーム体制の構築」，「学校のマネジメント機能の強化」，「教職員一人一人が力を発揮できる環境の整備」という 3 つの視点が挙げられている。

（1）専門性に基づくチーム体制の構築

　生徒指導は，学級担任や生徒指導主事など特定の教師のみが担うものではない。すべての教職員が各自の専門性を活かせるような生徒指導体制を確立する必要がある。生徒指導の方針を全体で共有し，校長のリーダーシップのもと組織的な取組体制を整えることで，個々の児童生徒へ一貫して継続的な生徒指導を行うことができる。また，スクールカウンセラーやスクールソーシャルワーカーなど，教師以外の専門家を校内に有機的に機能するように位置づけることも重要である。チームで情報を共有し，各自の職務内容や責任を明確にして，専門性を発揮できるよう連携して取り組むことが求められる。

（2）学校のマネジメント機能の強化

多職種によるチームが機能するためには，校長のリーダーシップが重要である。マネジメントに求められる資質・能力を育成して優秀な管理職を確保するなど，学校のマネジメント体制を支える仕組みを整備する必要がある。

（3）教職員一人一人が力を発揮できる環境の整備

生徒指導におけるチーム支援が効果的に機能するためには，人材育成の充実や業務改善へも取り組むことが求められる。チームの一員として各教職員や専門家が専門性を十分に発揮できるよう，校務分掌や業務内容について見直し，環境を整える必要がある。

3．生徒指導におけるチーム支援と家庭・地域・関係機関との連携

生徒指導は校内だけで完結するものではない。家庭や地域，医療・福祉・心理の専門機関や警察などの多面的な専門性をもつ関係機関と連携することも重要である。したがって，個々の教職員が連携の重要性を認識するとともに，学校で掲げている生徒指導の方針や取り組みについて，家庭や地域，関係機関と普段から連携・情報共有を行い，理解を得ておく必要がある。

チーム支援では，支援のための専門性と役割分担が重要になる。その際，専門性の異なるメンバー間の連絡・調整を行い，チーム支援を促進するコーディネーターが重要な役割を担う。コーディネーター役の教師が校内外の連携の舵取りを行い，チームで共通の理解となるアセスメントと支援方針を共有したり，個々の専門性を適切なタイミングで発揮できるよう役割分担したりしたうえで組織的に支援を進めることが，効果的な支援につながる。

参考文献・URL

石隈利紀（1999）『学校心理学 — 教師・スクールカウンセラー・保護者のチームによる心理教育的援助サービス』誠信書房.

石川美智子（2018）『チームで取り組む生徒指導・教育相談 — 事例を通して深く学ぶ・考える』ナカニシヤ出版.

文部科学省（2010）『生徒指導提要』教育図書.

文部科学省中央教育審議会（2015）「チームとしての学校の在り方と今後の改善方策について（答申）」https://www.mext.go.jp/b_menu/shingi/chukyo/chukyo0/toushin/__icsFiles/afieldfile/2016/02/05/1365657_00.pdf（2020年11月24日閲覧）.

（柏原志保）

Q6 学習指導における生徒指導の目的は何か，またその方法にはどのようなものがあるか説明しなさい

1．教師が行う「指導」の二側面

　学校において教師が行う「指導」には，学習指導と生徒指導という2つの側面がある。学習指導，特に広義の学習指導とは，授業など教科の指導をはじめあらゆる教育活動において行われる「学習に対する指導」を指す。学習指導と生徒指導は学校教育において重要な意義をもつものと位置づけられているが，これらは相互に関連していて明確に区別できるものではなく，1つの指導が両方の側面をもつことがほとんどである。例えば算数でつまずいている児童に個別指導を行った場合，それは算数の教科に関する学習指導でもあれば，当該児童の勉強に対する自己効力感の向上を目指す生徒指導にもなる。重要なことは，学習指導要領にも記載されている「児童生徒の人間として調和のとれた育成」を行うために，教師が学習指導と生徒指導を適切に関連させた指導を行うことである。

2．学習指導における生徒指導

（1）学習指導における生徒指導の目的

　生徒指導の目的は，児童生徒の人格を尊重し，一人ひとりの個性を伸長しながら，社会的な資質や行動力の獲得を目指すことである。この目的は教育活動全体を通して目指されるものであるが，特に学習指導場面で上述した目的を達成するためには，次の2つの指導が考えられる。1つは学習に取り組むための基礎となる学習態度の獲得，つまり学習への適応を目指す指導で，学習全般とかかわり，ある程度教科に関する指導とは独立して実施されることが多いものである。もう1つは授業中の活動などを通して行われる生徒指導であり，教科などのねらいや指導内容と関連させながら，授業の工夫によって児童生徒の意欲的な学習参加を促し，能力開発を進める指導である。

　これまでの学習指導における生徒指導では，前者のような学習態度の獲得や学習への適応を促す指導に重点が置かれてきた。もちろんこれも，児童生徒が充実した学校生活を送るためには重要な指導である。しかし後者のような授業中の活動を通した生徒指導も，児童生徒が学習指導要領等で定められた教育課程のねらいを達成し，最終的に社会的な自己実現や自己指導能力を獲得するために必要である。2017（平成29）年の学習指導要領の改訂では，学習指導と生徒指導の両方を通して育成する力として「学びに向かう力・人間性等」が示された。これは教育によってはぐくむべき「生きる力」をより具体化した資質・能力の3つの柱のうちの1つである。「学びに向かう力・人間性等」は残り2つの柱である「知識及び技能」及び「思考力，判断力，表現力等」をどのように働かせるかを決めるために必要な要素であり，主体的に学習に取り組む態度，自分の思考過程を客観的に捉えたり，自己の感情や行動をコントロールしたりするためのメタ認知にかかわる能力，グループの成員一人ひとりの違いを尊重しながら自分や仲間の良さを生かして協働する力やリーダーシップなどが含まれる。これからの学習指導においては学習態度の育成と同時に，以上のような力を学習指導と生徒指導の両方から身に付けさせるような指導が求められている。

（2）学習指導における生徒指導の方法

　学習態度の獲得や学習への適応を促すための生徒指導としては，例えば授業中の私語や授業に向かう態度などの授業に関するルールを作成し，それを守らせる指導，学習意欲がもてなかったり，学習についていけなかったり，あるいは適切な学習方略や学習習慣が身に付いていなかったりする児童生徒に対して，その原因を探って問題を解決する指導などが挙げられる。これらの指導の具体的な実践としては，補習を行うこと，学級の児童生徒同士で助け合える環境を設定すること，児童生徒の得意な部分を伸ばすこと，問題解決のために保護者や専門家と連携することなどがある。学級もしくは一人ひとりの児童生徒の学習に関する悩みを理解し，それに基づいた指導を行うことが重要である。

　児童生徒の意欲的な学習参加を促し，能力開発を進める指導として，例え

ばグループ学習や話し合いなどの協同学習を行うこと，児童生徒の主体的な参加を促す授業を行うこと，学習の意義が感じられるように実生活と結びつけた授業を行うことなどが挙げられる。これらの指導によって，児童生徒の学力はもちろん，自己肯定感や自己調整能力，協働する力といった「学びに向かう力・人間性等」が向上する。『生徒指導提要』では，これらの能力を身に付けさせる指導においては生徒指導の三機能（児童生徒に自己存在感を与えること，共感的な人間関係を育成すること，自己決定の場を与え自己の可能性の開発を援助すること）に留意する必要があると述べられている。

3．発展：協同学習による学習指導と生徒指導

　学習内容の深い理解や資質・能力の獲得，さらに生涯にわたって学習を続ける力の獲得のため，学習指導要領においては「『主体的・対話的で深い学び』の実現」が強く求められている。そしてそのための授業改善の有効な視点として「アクティブラーニング」が挙げられている。アクティブラーニングとは学習者の能動的な参加を取り入れた授業法・学習方法の総称であり，前述したようなグループ学習などの協同学習はその実践の1つである。

　協同学習によって，学力向上はもちろん，学級内での人間関係が改善され，そのことが学習活動の成果の向上をもたらすこと，さらに上述した「学びに向かう力・人間性等」の向上が期待されている。例えば小グループで理科の実験を行った実践では，知識の獲得はもちろん，質問紙と授業中の発話の分析から，参加児童は自身が友達から期待されていると認識するようになることが示唆されている。また課題文の感想を小グループ内で発表しあう国語の授業によって，互いの読みが深まるとともに，グループ内での意見が異なるほど達成感や満足度を感じることが，授業後の質問紙の結果から示されている。ただし，単にグループでの学習を行えばよいわけではない。グループのメンバー相互のより良い成長が目指されていること，全員が課題の目標とその達成のための各自の役割を認識することなどが，協同学習が学習指導と生徒指導において効果を発揮する条件である。さらに児童生徒の発達段階の考慮や，自分の意見を伝える力の育成，協同学習ができるような集団づく

りなど，事前の指導を行うことも協同学習を有効にするためには必要不可欠である。

参考文献・URL

藤平敦（2011）「生徒指導の本来の趣旨を踏まえた教育活動の推進」『学校
　　　　教育研究』26, pp.32-45.

狩野浩二（2014）「学習指導」今野喜清・新井郁男・児島邦宏編『第3版
　　　　学校教育辞典』教育出版.

文部科学省（2010）『生徒指導提要』教育図書.

文部科学省（2016）「幼稚園，小学校，中学校，高等学校及び特別支援学
　　　　校の学習指導要領等の改善及び必要な方策等について（答申）」
　　　　https://www.mext.go.jp/b_menu/shingi/chukyo/chukyo0/toushin/__
　　　　icsFiles/afieldfile/2017/01/10/1380902_0.pdf（2020年9月20日閲覧）.

関田一彦・渡辺正雄編（2016）『アクティブラーニングを活かした生徒指導
　　　　協同学習の手法を取り入れた生徒指導のデザイン』学事出版.

住野好久（2015）「第3章　現代の学校教育と生徒指導　第2節　包括的・
　　　　全行的生徒指導の展開　1　教科指導と生徒指導」日本生徒指導
　　　　学会編『現代生徒指導論』学事出版.

高垣マユミ・田爪宏二・中西良文（2014）「動機づけ構造を組み込んだ教授
　　　　方略が協同学習における社会的関係性の変化に及ぼす効果」『教
　　　　授学習心理学研究』10, pp.25-34.

（金子〔田中〕紗枝子）

Q7 児童生徒の学習意欲の低下について，生徒指導の観点から説明しなさい

1．学習意欲とは

　学習意欲とは，学習に対する動機と考えることができる。動機を直接的に観察することはできないが，児童生徒の行動から動機の程度を推測することは可能である。例えば，課題にどのくらい労力をかけようとするかという「努力」，課題にどのくらい早く取り組み始めるかという「反応の早さ」，課題にどのくらい継続して取り組むことができるかという「持続性」，課題に取り組む最中の表情がどのくらいポジティブなものかという「表情表出」などの観点から，動機の高低を推測することができる。児童生徒の学習意欲を考慮するときには，これらの行動的側面を観察しておくことが必要だろう。

2．生徒指導の観点からみた児童生徒の学習意欲低下

　『生徒指導提要』にも述べられているように，児童生徒が意欲的に学習に取り組めるように指導を行うことは，学習指導における生徒指導の重要な一側面である。

　『生徒指導提要』ではさらに，「学習が平易すぎて，一種の退屈さを覚える」場合や「学習内容が難しすぎるため学習の進度についていけず，いわゆる学習内容について不消化の状態に陥る」場合に，学習に対する意欲を失うケースが指摘されている。多様な児童生徒全員に合うような学習の到達水準を設定することはできないためである。そのような中で児童生徒の主体的な学びを促進するために，以下では，目標の水準の高さではなく，児童生徒のもつ目標の質の違いに着目し，学習意欲の低下について説明する。

　学習課題に取り組む際に，何点を目指すかといった目標の水準だけでなく，どのような質の目標をもつかによって，学習行動の質や量が異なることが示されている。こうした目標の質に着目した理論として，達成目標理論が

ある。達成目標理論の中でも様々な立場があるが，特に，学習内容の習得や能力向上を目指す習得目標，他者に対して自分の能力の高さを示そうとする遂行接近目標，他者に対して自分の能力の低さを隠そうとする遂行回避目標の3つの目標の影響について，数多くの研究がなされている。

　これらの目標の中で，習得目標を目指す学習者は，学習内容の意味を考えて勉強するような深い学習方略をよく使用し，勉強自体を楽しむ内発的動機づけが高いといった傾向があることが示されている。遂行接近目標については，学習計画を立てたり，テストに向けてどんな学習が必要かを考える戦略的な学習方略や深い学習方略を使用する傾向があること，学業成績の高さと関連することが示されている。遂行回避目標を目指す学習者は，学習内容の丸暗記をしようとする浅い学習方略を使用し，深い学習方略を使用しにくい傾向があり，勉強自体を楽しみにくいこと，学業成績も低い傾向にあることが示されている。こうした知見に基づくと，児童生徒が習得目標や遂行接近目標をもてるようにすることが重要で，遂行回避目標をもつと学習意欲が低くなってしまうと考えられる。

　実際に，たくさんの文字が並べられた中から特定の文字列を制限時間内にできるだけ多く見つけ出すというニナパズルという課題を行う中で，他の人よりも劣った評価を避けることを目指すように伝えられた人（遂行回避目標条件）は，他の人よりも高い評価を得ることを目指すように伝えられた人（遂行接近目標条件）や，他者と比較しての評価に関する言及はなく，どのくらい課題ができていたか達成度が示されることが伝えられた人（習得目標）よりも，自発的な課題への取り組み時間が短く，課題に対する楽しさや課題への関与度が低くなってしまうという研究結果が報告されている（詳しくは参考文献を参照）。

　これらの知見から，児童生徒に遂行回避目標をもたせてしまうようなかかわりは，学習意欲の低下を招くと考えられる。失敗への恐れが強いと遂行回避目標をもちやすいという研究結果があることをふまえると，他の児童生徒と比較し，劣っているかどうかや失敗に注目させるようなかかわり方は避けるべきであろう。教師は，相対的な評価ではなく，取り組む授業課題の習得

度を意味する到達度評価やその児童生徒自身の変化である自己内評価に基づいてかかわることが望まれる。

3. コラム：遂行接近目標は効果的な目標か

これまで紹介してきた知見を辿ると，遂行接近目標は学業成績を伸ばす望ましい目標であるかのようにもみえるが，この点には注意が必要である。遂行接近目標と遂行回避目標の相関は高いことが示されてきた。このことは両方の目標をどちらももちやすいことを意味しているため，遂行回避目標をもたずに，遂行接近目標だけを意識し続けることは，実際には困難な可能性もある。また，遂行接近目標は学習自体を楽しく感じるような要素とは関連しないことからも，自発的かつ主体的な児童生徒に向かっていくかは疑問が残る。遂行接近目標に望ましい影響がありうるとしても，生徒指導の観点からは，児童生徒に遂行接近目標を積極的にもつように促すことがよいかは検討する必要があるだろう。

参考文献・URL

Elliot, A. J., & Harackiewicz, J. M.（1996）Approach and avoidance achievement goals and intrinsic motivation: A mediational analysis. *Journal of Personality and Social Psychology,* 70, pp.461‐475.

Diseth, A., & Kobbeltvedt, T.（2010）A mediation analysis of achievement motives, goals, learning strategies, and academic achievement. *British Journal of Educational Psychology,* 80, pp.671‐687.

国立教育政策研究所生徒指導・進路指導研究センター編（2015）「生徒指導リーフ　Leaf.1　生徒指導って何？」https://www.nier.go.jp/shido/leaf/leaf01.pdf（2020年12月9日閲覧）.

文部科学省（2010）『生徒指導提要』教育図書.

Reeve, J.（2003）*Understanding motivation and emotion 3rd ed.* New York: Wiley.

（徳岡　大）

Q8　学業不振と学校適応の関連について説明しなさい

1．学業不振，学校適応とは

　学業不振とは，学力が一定の基準に達しない状態を指す。他の児童生徒の学業成績の平均値や学習指導要領の教科目標に対する到達度を基準にしたり，潜在的能力に見合う学力を示していない場合に学業不振とみなしたりする（アンダーアチーバー）。

　学校適応とは，学校という環境における個人の適応状態を指す。学校適応には，児童生徒の特性や学習上の問題，学校・家庭などの環境要因など，複数の要因が関連している。学校適応の低下（学校不適応）により，いじめや不登校，非行，自殺など，様々な生徒指導上の問題が生じ得る。

2．学業不振と学校適応の関連

　学業不振と学校適応は相互に関連している。学校不適応が原因で，授業に集中できず学校でも家庭でも学習しなくなり学業不振に至る場合もあれば，感情制御の困難や身体症状，不登校，高等学校における中途退学など，学校不適応によって生じる問題の背景に，学業不振が存在する場合もある。したがって，学業不振の児童生徒に対して支援を行う際には，学業不振と学校適応の双方向の関係を念頭に置いたうえで，学習上のつまずきのポイントなど目の前の問題のみに注目するのではなく，顕在化している問題の背景にある要因を理解し，背景要因に対する根本的な対処を図ることが重要である。

　学業不振に対する支援では，個々の児童生徒の認知特性やスキルの獲得状況，置かれている環境などの背景要因を多面的にアセスメントしたうえで，個に応じた支援を行う必要がある。学業不振の原因には，個人の身体的・心理的・対人的要因（体調不良，対人不安傾向，衝動性の高さなど），学業遂行に関わる要因（知識・技能不足，有効でない学習方略など），家庭などの校外の環境要因（親の教育観，交友関係など），学校要因（学級風土，教員との

関係性など）が挙げられる。なお，児童生徒がどのような援助ニーズをもっているかは個人の状況で異なるため，学業不振の定義のみにとらわれず，個々の児童生徒の心理的状態や環境などを多面的にアセスメントして，個人の援助ニーズを適切に捉えたうえで支援方針を立てることが必要である。

3．学習上の問題の背景要因への支援：認知カウンセリング

　学業不振のような学習上の問題を有する児童生徒への効果的なアプローチに，認知カウンセリングがある。認知カウンセリングでは，学習者の認知的な問題の原因を探り，解決のための個別支援を行う。学習上の問題を有する児童生徒は，「学習とは公式を丸暗記することだ」，「勉強ができるようになるには量をこなせば良い」といった学習に対する信念（学習観）や，学習内容の意味を考えず機械的に解くなどの学習の仕方（学習方略）を採用した結果，うまく問題が解けないという事態に陥っていることがある。表面的な学習上の問題の背景にある学習方略や学習観を理解し支援を行うことが重要である。

　支援の際には，単に問題の解き方を教えるだけではなく，図式化を促したり，自己説明を求めたり，誤りの原因を分析し教訓を残す（教訓帰納）といった，認知カウンセリングの技法を効果的に用いることができる。

参考文献・URL

秋田喜代美（2004）「学業不振におけるアセスメント」岡田守弘・蘭千壽・松村茂治・大野精一・池田由紀江・菅野敦・長崎勉編『学校心理士の実践 ── 中学校・高等学校編』北大路書房，pp.2-13.

市川伸一（1993）『学習を支える認知カウンセリング ── 心理学と教育の新たな接点』ブレーン出版.

文部科学省（2010）『生徒指導提要』教育図書.

文部科学省（2020）「令和元年度児童生徒の問題行動・不登校等生徒指導上の諸課題に関する調査結果」https://www.mext.go.jp/content/20201015-mext_jidou02-100002753_01.pdf（2020年11月24日閲覧）.

（柏原志保）

Q9　児童生徒理解の必要性や重要性，その方法について説明しなさい

1．児童生徒理解とは何か

　児童生徒理解とは，児童生徒一人ひとりから収集された個性や特性，生育歴などに関する情報と，一般的な人格の発達傾向・特徴に関する知識などをもとに，個人の特徴や傾向をよく理解しようとすることである。なお「アセスメント」という用語にも，支援対象に関する情報の収集やニーズの把握といったプロセスが含まれる。そのため，生徒指導や関連する領域においては，児童生徒理解と同じような意味を指す語として使用される場合もある。

2．児童生徒理解の必要性と重要性，その方法

（1）児童生徒理解の必要性と重要性

　児童生徒理解が必要なのは，生徒指導をはじめとする教育活動すべてにおいて，その実践が効果を上げる前提となるためである。効果的な指導を行うために目標やねらい，指導の方法を決定したり，指導を必要としている児童生徒を同定したり，児童生徒との良好な教育的関係を成立させたりするために児童生徒理解が役立つ。また特に生徒指導においては，「個人の育成」と「人格の発達的形成」という目的を達成するためにも，児童生徒がすでにもっている個性を教師が理解し，それに合わせた指導が重要である。さらに一斉授業など集団への指導を効果的に行うためには集団の理解が必要であるが，そのためにも構成員である一人ひとりの児童生徒理解が不可欠である。

（2）児童生徒理解の方法

　児童生徒理解を行うためには，一人ひとりの個人に関する情報を収集すること，児童生徒の人格の発達に関する専門的な知識を身に付けることが必要である。このうち前者については，多くの教師が，例えば面接や観察によって情報を収集し，それに基づいた児童生徒理解を行っている。これらの方法

は臨機応変に児童生徒の詳細な情報を収集することができるが，実施者の主観によって情報がゆがめられる場合も多い。一方，ある程度客観的な情報を得られる方法として質問紙調査法，検査法などがある。しかし，これらの方法によって正確な情報を収集するには専門的な知識が必要であり，また児童生徒のすべての情報がこれらの方法で得られるわけではない。重要なことは，1つの方法で得られた情報のみから児童生徒理解を行うのではなく，様々な情報から多角的・多面的・総合的に児童生徒理解を行うこと，客観的な事実を収集しつつ「それを児童生徒本人がどのように感じ，どのように理解しているのか」を児童生徒の立場に立って理解しようとする共感的理解を行うように努めることである。

3. 児童生徒理解を促す教師の自己開示

上に挙げたような様々な方法を用いることと同時に，「教師自身が自己開示を積極的に行うこと」によっても児童生徒理解が促される。自己開示，つまり教師が自身の経験や考えなどの情報を開示することで，児童生徒も心を開いてかかわるようになる。また，生徒指導を行う際に児童生徒理解と同様に重要な「児童生徒との信頼関係」の構築にも，自己開示が寄与している。児童生徒から発信される情報を収集するだけではなく，自分から情報を発信することも必要である。

参考文献

石隈利紀（1999）『学校心理学 ── 教師・スクールカウンセラー・保護者のチームによる心理教育的援助サービス』誠信書房.

國分康孝（1987）『学校カウンセリングの基本問題』誠信書房.

文部科学省（2010）『生徒指導提要』教育図書.

（金子〔田中〕紗枝子）

Q 10　児童生徒の自己概念，自己評価（自尊心や自己肯定感）の発達について説明しなさい

1．自己概念，自己評価とは

　自己概念とは，自分に関する知識の総体であり，自分とはどのような人間であるかという自己に対する認識を意味する。自己概念において最も重要な側面とされるものが自己評価であり，自分のことを価値のある存在と捉えることができるかどうかで，この世界に対するかかわり方は異なってくる。一般に，自己評価はその高低で理解されることが多く，自己評価が高い者は自信家であり，何事にも忍耐強く挑戦することができる。一方，自己評価が低い者は，自分に自信がないため，失敗を恐れるあまり新たな挑戦に踏み出すことができない傾向にある。なお，自己評価は自尊心や自己肯定感と深く関係しているものであるが，この点についてはQ12にて詳しく扱う。

2．自己概念，自己評価の発達

　まず，『生徒指導提要』における重要な部分を確認する。第3章第1節4項では，幼児期・児童期の自己の発達について次のように述べられている。「まず幼児の自己評価は非常に肯定的という特徴が挙げられます。（中略）このように幼児の自己評価は，客観的に見て正確とは言えないものですが，肯定的に評価しているからこそ『自分はできる』という認識につながり，それを自信として様々なことにチャレンジできるという利点があるものと考えられます。児童期中期から後期（8〜11歳）になると，児童は対立する特性を同時に考えることができるという認知能力を獲得し，人間は肯定的・否定的側面を同時にもつことを理解できるようになります。また同年代の他者との比較（社会的比較）が可能になり，自己概念は肯定・否定の両方を統合したものになっていきます。（以下略）」。

　『生徒指導提要』の中にもあるように，児童生徒の自己概念及び自己評価

を理解するうえでのキーワードは社会的比較である。社会的比較とは，自分を評価する目的で他人と自分を比較しその結果に一喜一憂する一連の過程のことを指す。社会的比較は5，6歳頃児から行っていることや，その頻度が青年期において最も多いことが報告されている。自己評価を行ううえで，自他の比較は必要であり，類似性の高い他人との比較は重要な情報となる。教員養成課程の学生が周囲に触発されて教員採用試験の勉強に励むのはその典型例である。自らと境遇の近い人間が模擬試験で高成績を修めたことを耳にしたら，自他のパフォーマンスを比較せずにはいられないだろう。児童生徒の自己評価の発達は，このような自他の比較の頻度が増えることや，その正確性が向上ないしは停滞することによって説明できると考えられる。

　児童期から青年期にかけた自己評価の発達については表2-10-1のように要約される。『生徒指導提要』にもあるように，自己評価は非現実的な肯定から始まり，最終的に肯定と否定の統合という発達を遂げるとされている。およそ3歳ごろまでは自己の認識は他者の視点とは独立しているものであって，肯定的な評価で一貫している。3歳以降になると，他者の視点を獲得し肯定的な側面に対して否定的な側面を認識する。しかしながら，過去の自分との比較（継時的比較）が社会的比較よりも多く行われるため，基本的には

表2-10-1　自己の標準的発達変化

(Harter〔1998〕；高田〔2004〕を参考に筆者編集)

時期とおよその年齢	価値づけ/正確性
幼児期〜児童期前期（1〜5歳）	非現実的に肯定的，自己の現実と理想を区別できない
児童期前期〜児童期中期（5〜8歳）	通常は肯定的，不正確さの持続
児童期中期〜児童期後期（8〜11歳）	肯定と否定の両価値的，より正確な評価
青年期初期（12歳〜）	ある時点では肯定的で別の時点では否定的，不正確な過度の一般化
青年期中期	肯定的属性と否定的属性の同時認識，混乱と不正確さを導く不安定さ
青年期後期（〜19歳）	よりバランスのとれた肯定的属性と否定的属性の安定的な認識，さらに正確な評価

注）この表における"自己"とは正確には自己表象（self-representation）のことを指している。また，評価的な側面についてのみ抜粋している。およその年齢はあくまでも目安として加筆したものである。より詳細かつ専門的な知識については高田（2004）ならびにHarter（1998）を参照されたい。

肯定的な自己評価に帰結する。児童中期以降は社会的比較が多く行われるようになり，両価的な評価をすることが可能になる。例えば，自分は教育原理の問題であれば良い成績を修めることができる能力をもっているが教育心理ではひどい有様である，という認識である。社会的な文脈に沿えば，同級生と議論を交わせば主張的であるが，教師が現れると途端に大人しくなるゼミナールを認識しているようなものである。青年期初期以降は，ピアジェ理論における形式的操作期にあたり，認知的に抽象概念が扱えるようになり，相反する評価を特性的なもので表すことができる。我々は各教科のテストや一般教養，教職教養問題が共通して「何か」を測定していると理解することができるが，このときの「何か」が特性にあたる。一般的に，自己評価は高低の次元で議論されるが，それだけでは十分でなく，社会的比較の頻度の増加，肯定と否定の統合といった側面を含めた議論を行う必要があるだろう。

参考文献

Harter, S.（1998）The development of self-representations. In W. Damon & N. Eisenberg（Ed.）*Handbook of child psychology: Social, emotional, and personality development.*（pp. 553-617）John Wiley & Sons, Inc.

文部科学省（2010）『生徒指導提要』教育図書.

Suls, J., & Mullen, B.（1982）From the cradle to the grave: Comparison and self-evaluation across the life-span. In J. Suls（Ed.）*Psychological perspectives on the self.*（pp. 97-125）Lawrence Erlbaum.

高田利武（2004）『「日本人らしさ」の発達社会心理学 — 自己・社会的比較・文化』ナカニシヤ出版.

渡辺大介・湯澤正通（2012）「5，6歳児における社会的比較と自己評価」『教育心理学研究』60，p.117-126.

（福留広大）

Q 11　児童生徒の教師への信頼感について説明しなさい

1．生徒指導における信頼感

　もし児童生徒とのかかわりを通して児童生徒の能力や人格の成長を支援したいのであれば，教師が児童生徒と良い信頼関係を結ぶ必要があることは言うまでもないだろう。『生徒指導提要』においても，「教員と児童生徒との信頼関係を築くことも生徒指導を進める基盤」と位置づけられている。中学校学習指導要領第1章第4の1の（1）においても，「学習や生活の基盤として，教師と生徒との信頼関係及び生徒相互のよりよい関係を育てる」ことが，生徒の発達を支える指導とされている。

2．教師に対する信頼感

　児童生徒が教師のどのような行動・態度に信頼感をもつかについては，心理学的に検討されてきた。ここではいくつかの研究で得られた知見を述べる（詳しくは参考文献を参照）。それらの研究では，例えば，生徒の教師に対する信頼感の側面として「安心感」，「不信」，「正当性」の3つが挙げられている。安心感については，教師の受容的な姿勢を表すもので，話を聞いてもらえると安心する，何でも相談できる，といった側面である。不信については，「先生が間違っているときでも，先生は自分の間違いを認めないと思う」といったものであり，信頼関係において不信感をもたれないことの重要性も想定される。正当性については，教師の指示的で厳格な姿勢を表すもので，教師としての資質や役割を果たしているかどうかという側面である。教師に対する信頼感は，学習への意欲などの学校への適応全般を高める重要な側面であると考えられる。

　また，「好きな教師」の具体的な特徴としては，「優しい・温厚」「思いやり・親しみ」「一緒に遊ぶ」「授業のうまさ」などがあることが報告されている。これらの具体的な特徴は回答者と対象教師の性別によって優先順位が変

わるものの，基本的には共通している。したがって，教師はいかにして，不公平でなく，必要以上に厳しくなく，優しく温厚で，思いやりがあり親しみがもてる人間として児童生徒に接することができるか考える必要があるだろう。

さらに，教師との関係維持の理由が，一緒にいると楽しい，おもしろい，先生が好き，といった生徒本人のポジティブな動機に基づいている場合，教師に対する信頼感も高まるという研究結果が報告されている。逆に，報酬や罰に基づいて関係を維持していると，教師に対する不信が高く正当性が低く捉えられる傾向にあることがわかっている。

教師という立場は，その職に就いているだけで社会的な信頼を得られやすいものである。これは，教師という立場そのものがそういう性質をもっていることもさることながら，大多数の教師が教職に対する情熱と使命感をもって職務を全うしていることへの評価であると考えられる。その一方で，その信頼があくまでも過去の教師一般の資質能力に基づいて形成されているものであることについて留意する必要があるだろう。

参考文献

文部科学省（2010）『生徒指導提要』教育図書.

文部科学省（2017a）『中学校学習指導要領（平成29年告示）』東山書房.

中井大介・庄司一子（2006）「中学生の教師に対する信頼感とその規定要因」『教育心理学研究』54, pp.453-463.

中井大介・庄司一子（2008）「中学生の教師に対する信頼感と学校適応感との関連」『発達心理学研究』19, pp.57-68.

中井大介（2015）「教師との関係の形成・維持に対する動機づけと担任教師に対する信頼感の関連」『教育心理学研究』63, pp.359-371.

豊田弘司（1996）「回想された好きな教師と嫌いな教師像」『奈良教育大学教育研究所紀要』32, pp.125-131.

（福留広大）

Q12 児童生徒の自己評価（自尊心や自己肯定感）に起因する教育上の問題を記述し，その解決方法について論じなさい

1. 基本的な用語の整理

　自己評価をはじめとして，一般によく聞かれる自尊心あるいは自尊感情という語は心理学の用語である。自己評価とは，自分自身に対する評価である。自尊心とはself-esteemの訳語であるという意味において自尊感情と同じであり，研究者によって様々な定義がなされる。その中で最も一般的かつ教育問題を議論するうえで適当と思われる定義はRosenbergによるものであり，自尊感情は自己に対する肯定的ないしは否定的な態度とされ，優越感や完全主義による very good（とても良い）の感覚ではなく，good enough（これで十分）の感覚であるとされる。自尊感情において重要な点は，その感覚が自己の全般的な評価であることにある。全般的というのは，自分を総合的に見たときにどういう人間なのかという視点のことを意味しており，時間的にも非常に安定的な性質を指し示すものである。

　一方で，自己評価という語は，一時点での特定の評価から全般的な自己評価のすべてを指し示す。例えば，国語のテストで高得点を取ったことがわかり自信がついて嬉しい，というような状況では，国語の能力に関する自己評価が修正されると考えられるが，自尊感情の変動は乏しいものと考えられる。

　このように自尊感情は，自分が自分に対して向ける評価的かつ安定的なまなざしを意味している。自尊感情のほかに自己肯定感という語も存在するが，基本的には自尊感情と同様，self-esteemの訳語であると考えて問題ない。

2. 自尊感情に起因する問題と解決方法

　自尊感情に起因する教育上の問題として挙げられるものは，特定個人の自己評価が低すぎる場合と高すぎる場合の2パターンであろう。自分なんか消

えてしまいたいと考え積極的に行動ができなかったり，破滅的な行動を取ったりしてしまう者や，自分が1番でないと気がすまず周囲を巻き込んでしまう者がそれにあたるだろう。これらの場合，まず，教師が支援すべきことは，自己評価に関する指針を児童生徒に与えることである。それは，できてもいないのに自信をもたせようとしてほめることではない。もし一方向に不当に歪んだ自己評価がある場合に，それが歪んでいるということを児童生徒自身が認識できるようにすることである。

　次に，具体的な対処法について述べる。低い自尊感情への対処法は，ネガティブな事象と自己に対する全般的な自己評価が連動しないように手助けすることである。具体的には，「何かができなかったとしてもよいのであり，できなかったことで自分がダメな人間であるということではないという理解を支援する」ことが重要であると考えられている。例えば，教材として自己否定的な認知を行う児童の仮想場面を作成し，それに対して児童にアドバイスさせる形の授業実践を行った報告もある。このような実践は，非合理に否定的な自己評価をする傾向にある児童生徒に，事象に対する解釈の幅をもたせるという意味で非常に有効な手立てであると思われる。この自己否定的な傾向は，Rosenberg自尊感情尺度のうちの否定的項目によって測定することが可能である。例えば，「自分は全然ダメな奴だと思う」といった否定的項目5問に対して「あてはまる」と回答するかどうかを検査するのである。

　一方，高すぎる自己評価への対処法は，自己評価を変動させる何かそのものの成長に焦点をあてることである。周囲と比べて自分が優れていることが大切な児童生徒には，昨日の自分と比べて今日の自分の何がどのように成長したのか問うてみればよい。それに併せて，相対的な評価の高低が周囲からの承認や拒絶につながらないことを理解させる必要がある。この意味において，低い自尊感情への対処法と根本的な部分は共通しているだろう。自己評価の獲得を目的にさせないようにする必要がある。学校生活の中心である教科指導はこういった支援の最良最大の機会であろう。

3．発展：自尊感情に関する議論

（1）自尊感情の高低に関する議論

　自尊感情の高い低いという問題には様々な視点からの議論がある。ここでは主要と思われる３点を挙げる。第１に，自尊感情は青年期に低下する傾向にあるとされる。これはQ10でも扱ったように，それまで非現実的に肯定的であった自己評価が，社会的比較に基づく現実的な自己評価に移り変わろうとしている一時的な反動と見た方がよいだろう。したがって，集団の平均値という意味で中高生の自尊感情が低いことについては，問題視する必要性はそれほど高くないだろう。

　第２に，諸外国と比較した場合に，日本の児童生徒の自尊感情は低いとされる。ただし，日本人の大多数が自尊感情尺度に対して否定的に反応していることを示したものではなく，とりわけ米国と比較して低いことが示されたという点には注意が必要である。日本人は集団主義的な思考をする傾向にあり，社会との関係の中で自己が定義される程度が強い。ときに自己を否定し集団を「たてる」ことで集団になじむことが望まれるのが集団主義的な文化である。文化差を考慮すると日本の自尊感情が他国と比較して低い水準であることは問題視する必要がないのかもしれない。

　最後に，自尊感情が高い人はどういう人で，自尊感情が低い人はどういう人なのかという個人レベルの見方である。通常，自尊感情は高いことそのものがよいものであって，そういう人は自分の人生に満足している。ただし，測定上の自尊感情が高いことには一定の問題があって，いわゆるナルシストな人である可能性を排除できないという問題も含まれている。他方，自尊感情が低い人は，ストレスへの耐性が脆弱であり，特に失敗に打たれ弱いという性質をもっている。特に，何か特定のことで失敗したのにもかかわらず，自分が全体的にダメな人間であると解釈する傾向にある。この意味において，自尊感情は低くないことの重要性が高いと考えることができる。

（2）自尊感情を議論するうえで注意すべき点

　国立教育政策研究所の「生徒指導リーフ」では，自分に対する評価が中心

である自尊感情ではなく自己有用感がより重要であるとされているが，解釈に注意が必要である。自己有用感は，「自分と他者（集団や社会）との関係を自他共に肯定的に受け入れられることで生まれる，自己に対する肯定的な評価」とされており，例として，「単に『クラスで一番足が速い』という自信ではなく，『クラスで一番足が速いので，クラスの代表に選ばれた。みんなの期待に応えられるよう頑張りたい』という形の自信」と添えられている。このように社会への適合を強調した形で議論している点は注目できるが，自己有用感という概念を作成せずとも社会性の重要性を指摘すれば良く，本来的に自尊感情は他者との良好な関係を基盤としている。

　ところで，「クラスで一番足が速い」という事象が挙がっていたが，健全な自尊感情は特定事象の評価に依存してそう簡単に変動するものではない。もし，一等賞であることが自尊感情の拠り所であったとしたら，自尊感情は不安定極まりない。極端な話をすれば，オリンピックで初優勝してからその地位を長期に守り続けることができる人がどれだけいるのかということを想像してみればよい。こういった特定事象に関連して変動する自尊感情は随伴的自尊感情と呼ばれ，"真の"自尊感情とは別のものとされている。時系列的に不安定な自尊感情をもつということは，他者との上下関係を意識し，かつそれを自尊感情の拠り所にしているということであって，不健全である。

参考文献・URL

Brown, J. D.（1998）The Self. Routledge.

川井栄治・吉田寿夫・宮元博章・山中一英（2006）「セルフ・エスティームの低下を防ぐための授業の効果に関する研究 ── ネガティブな事象に対する自己否定的な認知への反駁の促進」『教育心理学研究』54, pp.112-123.

国立教育政策研究所（2015）「生徒指導リーフ　Leaf.18　『自尊感情』？それとも，『自己有用感』？」http://www.nier.go.jp/shido/leaf/leaf18.pdf（2020年8月1日閲覧）.

中間玲子（2018）「『自尊感情の高さ・低さ』に含まれる様々な意味」『児童心理4月号』72（5），pp.40-45，金子書房.

（福留広大）

Q 13 児童生徒のアイデンティティ発達と適応について説明しなさい

1. アイデンティティとは

アイデンティティとは，個人が自分の中に連続性と斉一性を感じられることと，他者がそれを認めてくれることの，両方の事実の自覚である。具体的には，自身のアイデンティティが一貫している感覚を「統合」の感覚，一貫していない感覚を「混乱」の感覚という。

2. 児童生徒のアイデンティティ発達と適応

上に述べたとおり，アイデンティティとは，個人が自分の中に連続性と斉一性を感じられることと，他者がそれを認めてくれることの，両方の事実の自覚である。児童・青年期には，抽象的思考能力の発達や急激な身体的成熟，周りからの期待の変化が起こる。こうした変化に伴い，それまでの様々な自己（例えば，「運動が得意だ」「暗い人間だ」）は，自分なりのやり方で全体的な自己へ再統合される。自己の再構築を通して，過去・現在・未来の自己に一貫性を感じ（連続性），様々な場面の自己にまとまりを感じ（斉一性），自己が他人に認められていると感じる（他者の承認）。このように，まとまりのある自己を構築している感覚を「統合」の感覚，まとまりのなさの感覚を「混乱」の感覚という。人生の生き方を決定する中で，混乱の感覚が強い状態から統合の感覚が強い状態へ移行することを，アイデンティティ発達という。

アイデンティティ発達は，児童生徒の適応のあり方とも関連する。例えば，アイデンティティ発達をうまく進めている者は，人生に対する満足感や幸福感を感じやすい。また，抑うつ気分や不安など心理内的な問題，他の児童生徒への攻撃や非行，問題行動などを示しにくい。一方で，アイデンティティ発達につまずき混乱を感じている者は，人生満足感をもちにくく，強い抑うつや不安を感じるとともに，他の児童生徒との問題を生じやすい。

　アイデンティティ発達を促すための重要な2点を挙げる。第一に，児童生徒の自己理解を助ける「良い聞き手」になることである。人は自分について他者に説明したり，それに対する反応から洞察を得たりして，自己理解を深める。児童生徒の話の中に見えるアイデンティティの萌芽に着目し，さらに自己への洞察を深められるような反応や質問を返すことが有効である。第二に，児童生徒に否定的なラベル付けを行わないことである。教師は，問題のある児童生徒に対して「問題児」などのラベル付けをしがちである。しかし，アイデンティティの混乱に苦しむ者は，たとえ否定的であっても確固としたアイデンティティを得るために，こうした否定的なラベルを取り入れて「否定的アイデンティティ」を形成することがある。「どうせ自分は落ちこぼれだ」のようにひねくれた態度の児童生徒が健全なアイデンティティ発達へ方向転換する基礎となる，信頼関係を築くことが重要である。

3. 現代社会におけるアイデンティティ発達

　社会の変化に伴い，児童生徒のアイデンティティ発達も変化してきている。現代日本では，高等教育機関への進学率の上昇や親との同居年数の延長によって，アイデンティティ発達の期間も延長している。実際に，多くの児童生徒が，アイデンティティの未発達な状態を長く続けていることを明らかにした研究もある。児童・青年期にアイデンティティ発達を完了するべきという考えは誤解である。教師は，児童生徒のアイデンティティ発達を急がさず，彼ら自身のペースを尊重しながら支えることが望ましい。

参考文献

畑野快（2019）「青年期のアイデンティティ」日本児童研究所監修『児童心理学の進歩　2019年版』金子書房.

日原尚吾・杉村和美（2017）「20答法を用いた青年の否定的アイデンティティの検討 ― 量的・質的データによる分析」『発達心理学研究』28（2），pp.84-95.

（日原尚吾）

Q14 児童生徒の友人関係の発達的変化について説明しなさい

1. 友人関係の3段階の発達的変化

　児童生徒の社会化や自立に重要な役割を果たす親密な友人関係は，お互いの類似性が重視される段階から，異質性を認め尊重できる段階へと発達する。具体的には，①ギャング・グループ，②チャム・グループ，③ピア・グループという段階で，児童・青年期を通して変化する。

2. 児童生徒の友人関係の発達的変化

　児童・青年期は，それまでの親密な関係性の中心であった親から分離し，友人との関係性を深めていく時期である。児童生徒の友人関係は，一対一の関係性というよりは，複数人で構成された友人グループが中心となる。

　友人グループには，大きく3つの種類がある。ギャング・グループは，児童期中期からみられる，行動の類似性を重視するグループである。同じ遊びを共有したり，グループだけで通用するルールを作ったりする。チャム・グループは，児童期後半や青年期初期にみられる，内面的な類似性を重視するグループである。共通の趣味や関心ごとについて話し合い，同じ感情や価値観をもつことを確認する。ピア・グループは，青年期中期以降にみられる，お互いを一人の個人として認め合い共存するグループである。類似性だけでなく，違いがあったとしてもそれを尊重する。児童生徒の友人関係は，類似性を重視する段階から，異質性を認め尊重できる段階へと発達する。

　良好な友人関係を築くことで，児童生徒がお互いに親密性を確認して支えあい，情緒的な安定を得ることができる。また，自分の欲求を適切に主張するための社会的スキルや，社会的ルールを学ぶことにつながる。その一方で，お互いが類似性を求めあうがゆえに，グループ内での「同調圧力」に悩まされることもある。特に，類似性を重視するギャング・グループやチャム・グ

ループでは，同調圧力による問題が生じやすい。例えば，孤立することを恐れて，問題行動（万引きや喫煙など）に参加してしまうことがある。また，強い同調圧力によって，グループの中に少しでも異質な特徴をもつ者がいた場合，その特定の者を仲間外れにしていじめが起こることもある。児童・青年期においては，こうした知見をもとに友人グループがどのように機能しているのかを理解し，場合によっては調整する教師のかかわりが重要になる。

3．時代による友人関係の変化

　時代の変化に伴い，子どもが集まって遊ぶ機会が減ったことで，ギャング・グループが消失しつつある。また，ギャング・グループを経験しないままチャム・グループを形成しようとすることで，類似性を過度に求め，いじめなどの問題に発展しやすいことも指摘されている。こうした友人関係の希薄化が，ピア・グループへの発達の遅延を招いていると考えられている。

　一方で，現代の友人関係には，自分の「キャラ（グループの中での自分の立場や役割）」を状況に合わせて切り替えたり，成績の悩みと恋愛の悩みを別の友人に相談するなど，友人関係を切り替えたりする特徴もある。現代では児童生徒が交流する友人も多様化しているため（例えば，SNSなど），相手や状況に合わせて切り替えを行うことは自然である。教師は，児童生徒が適切な切り替えができているのかについても目を向ける必要がある。

参考文献

千島雄太・村上達也（2015）「現代青年における“キャラ”を介した友人関係の実態と友人関係満足感の関連 ―“キャラ”に対する考え方を中心に」『青年心理学研究』26（2），pp.129-146.

中澤潤（2008）「仲間関係」堀野緑・濱口佳和・宮下一博編『子どものパーソナリティと社会性の発達』北大路書房.

山崎茜（2018）「友人関係の希薄化と切り替え」高坂康雅編『ノードとしての青年期』ナカニシヤ出版.

（日原尚吾）

Q 15　体罰をしてはならない理由を説明しなさい

1．体罰とは

　学校における児童生徒への体罰は，法律により禁止されている（学校教育法第11条但書）。同法における体罰とは，懲戒の内容が身体的性質のものである場合を意味する。文部科学省の「体罰の禁止及び児童生徒の理解に基づく指導の徹底について（通知）」は，個々の事案ごとに客観的な判断が必要になるとしているものの，「身体に対する侵害を内容とするもの（殴る，蹴る等），児童生徒に肉体的苦痛を与えるようなもの（正座・直立等特定の姿勢を長時間にわたって保持させる等）に当たると判断された場合は，体罰に該当する」としている。しかしながら，教師による児童生徒の身体に対する有形力（目に見える物理的な力）の行使すべてが体罰に該当するわけではない。『生徒指導提要』は，「児童生徒からの教員に対する暴力行為や他の児童生徒に被害を及ぼすような暴力行為に対して，これを制止したり，危険を回避するためにやむを得ずした有形力の行使」は，体罰に該当しないとする。また，日本行動分析学会は，児童生徒の身体に直接的，間接的に苦痛を与える行為だけではなく，大きな声や音を出して脅したりするなど，精神的な苦痛を与える行為もまた体罰に含められるとしている。

2．体罰をしてはならない理由

　体罰をしてはならない理由の主なものとして，次の3つが挙げられる。

（1）体罰は一般に信じられているような教育効果はない

　体罰を用いた指導は，児童生徒の問題行動を変容させることにおいて，一般的に期待されているほどの効果はない。実際，体罰により，行動（問題行動を含む）は抑制され，その効果は即時的に生じる（このことが，体罰は非常に効果的であるという誤認を使用者にもたらす）。しかし，その抑制効果は一時的で持続性がなく，状況に依存しやすいこともまたわかっている。例

えば，体罰を日常的に行う教師の前では問題行動は抑制されるが，そうでない教師の前ではその効果は出現しないのである。このことは，体罰による指導では，してよいことといけないことに関する道徳的価値観が内面化されないこと，すなわち，児童生徒は，そのときにどうすればうまくいくのか，何が望ましい行動なのかを学んでいないことを意味する。そのため，再び問題行動が露見し，その対処のため幾度となく体罰が繰り返されることになる。この繰り返しにより形成された児童生徒における体罰への耐性は，さらに強力な体罰を導くという悪循環を引き起こしかねない。

（2）体罰は児童生徒に反省を促さず，意欲的な行動を妨げる

体罰は児童生徒に恐怖心をもたらし，その後の行動において罰の回避に児童生徒の意識を焦点化させるため，自分の行動の何が問題だったのか，今後どうしたらよいかということを自ら反省しにくくなる。このことは，児童生徒において，問題行動が「見つかりさえしなければよい」という価値観を導きかねない。また，罰を受けないよう自己防衛的に失敗を防ごうとする失敗回避動機を高めることにもつながり，概して，教育活動における挑戦的で意欲的な行動を妨げる可能性をもたらす。

（3）体罰は力を使った問題解決を正当化する価値観をもたらす

体罰により，児童生徒は，暴力や圧力によって問題が解決可能であるということを学習する可能性がある。体罰を直接受けた児童生徒はもちろんのこと，教師による体罰の行使を観察している児童生徒たちの価値観にも影響を与えうる。また，自分自身が体罰を受けた結果として，精神的に成長し，努力するようになって成功したと認知した児童生徒は，体罰を単に問題行動を抑制するだけではなく，より望ましい結果を導く素晴らしい指導法であると考えてしまうかもしれない。このことは，将来的に，体罰を受けたものによるさらなる体罰の使用を導くという悪循環をもたらす可能性がある。

3．発展：体罰による指導をなくすために

体罰が法律で禁止され，体罰の負の効果に関する科学的エビデンスが積み重ねられ，教育委員会は体罰禁止の旗印を掲げ，各学校でも体罰防止の試み

がなされている。にもかかわらず，教師による体罰の問題は後を絶たず，体罰を容認したり，肯定的に捉える意見も未だ根強い。このことには，上述した，体罰の効果に関する誤認や日本の社会や学校文化に蔓延する精神論的価値観の影響，そして，それらが生み出す悪循環が関与しているだろう。

　2020（令和2）年4月から施行された児童福祉法等改正法において，親権者等もまた，児童のしつけに際して，体罰を加えてはならないことが定められた。厚生労働省は，体罰と身体的虐待，心理的虐待との関連性についても言及し，人権問題として扱っている。体罰を用いた指導は教育やしつけに有効ではないばかりか，教師と児童生徒や親と子の信頼関係の構築を妨げ，身体的・精神的に子どもを傷つけ，その後の人生に悪影響を与える。学校現場のみならず，地域や保護者と協力，連携しながら，社会全体において，この世から体罰を根絶するという確固とした意識形成が必要となるだろう。

参考文献・URL

厚生労働省（2020）「体罰等によらない子育てのために — みんなで育児を支える社会に」https://www.mhlw.go.jp/content/000598146.pdf（2020年11月25日閲覧）.

文部科学省（2010）『生徒指導提要』教育図書.

文部科学省（2013）「体罰の禁止及び児童生徒理解に基づく指導の徹底について（通知）」http:www.mext.go.jp/a_menu/shotou/seitoshidou/1331907.htm（2020年11月25日閲覧）.

日本行動分析学会（2014）「『体罰』に反対する声明」http://www.j-aba.jp/data/seimei.pdf（2020年11月25日閲覧）.

吉野俊彦（2018）「罰の効果とその問題点 — 罰なき社会をめざす行動分析学」『心理学ワールド』80, pp.5-8.

（向居　暁）

Q 16　教師が児童生徒を「ほめること」「叱ること」によって，どのような影響がありうるかを説明しなさい

1.「ほめる」「叱る」とは

(1)「ほめる」とは

　「ほめる」とは，ある個人（例：教師）が，相手（例：児童生徒）の行為に対して，単なる事実の承認のみならず，好意的意見や価値を言語的に表明することと定義できる。しかし，ほめることは，言語的な形式だけでなく，表情や身振り手振りなどの言語以外の形式によっても表現されうる。また，単なる事実の承認，励まし，感謝の表現などは，定義的には，ほめることには含まないとされるが，ほめ手の意図にかかわらず（ほめたつもりはなかったのだが），受け手側でほめられたと認識される場合がある。

(2)「叱る」とは

　「叱る」とは，ある個人（例：教師）が不適切と認識する行為を相手（例：児童生徒）に指摘し，改善を求める行為と定義できるだろう。学校現場で教師が児童生徒を叱るという行為は，学校教育法第11条における懲戒にあたる。叱ることもまた，表情などの非言語的な形式で表現されうる。叱る際にはイライラ感が伴いやすく，感情的な対応になりやすいこともあり，一般的に，「叱る」という言葉は，「怒る」と混同されて使用されることが多い。しかし，怒ることが不適切な行為をした相手に対して個人的な感情をぶつけることを指すのに対して，叱ることは個人的感情を排した，教育的価値をもつ指導であることを強調しているという差異がある。また，叱ることが教育的な指導であるためには，不適切な行為を指摘するだけではなく，同時に，それに替わる適切な行動を示すことが求められる。

２．学校現場におけるほめる効果と叱る効果

（１）ほめる効果

　ほめることは，児童生徒の望ましい行動に対する報酬（行動の主体に好まれるもの）となることで，その行動を促進させる機能をもつだけではなく，教師がどのような行動を重視し，望ましいと考え，児童生徒に期待しているのかを，児童生徒に伝える情報的機能を備えている。また，ほめられることは，児童生徒にとって，自分の判断や行動，それに伴う結果が適切であること，大人に受け入れられる確信・安心，そして，自分自身の存在価値（自尊感情）の肯定を意味する。一般的に，人は自分のことを肯定的に評価してくれる相手に対しては，同様に肯定的に評価する傾向にある。ほめることによって引き起こされたポジティブな気分や感情は，動機づけを高める効果があり，児童生徒に意欲や自信をもたせることが可能となるだけでなく，教師と児童生徒の信頼関係を構築し，学級を相互援助的な学習環境にする効果があるとされている。

　ほめることによる効果がもたらされるためには，児童生徒の全体的な能力やスキルよりも，児童生徒が目標にして努力している部分を具体的にほめる必要がある。こうした具体的なほめ言葉は，成功の原因に児童生徒の注意を向けさせ，成功の手がかりを認識する援助となることで，今後も同じ行為を続ければよいという情報を与え，ポジティブな感情を生起させるとともに，児童生徒のさらなる活動への動機づけを高める。教師は，児童生徒の良い点や工夫点（行動の結果よりもむしろ過程に焦点を合わせて）を見つけようと心がけ，そして，たとえ教師自身の求める結果のレベルに達していなくても，そこに児童生徒の努力や上達が認められれば，その過程や努力をほめるようにした方がよいだろう。

（２）叱る効果

　叱ることは，教師の教育的な価値体系を児童生徒に伝達することであり，児童生徒の過去の不適切な行為を責めるのではなく，その行為の原因を児童生徒が反省し，今後同じことを繰り返さないようにすることが目的である。

決して，罰を与えて児童生徒の行動を統制するために行われるものではない。特に，危険を伴う行為を制止すべき状況などでは，ときに大声を用いる必要性もあり，恐怖感を抱かせてしまうような厳しい叱りになりがちになる。厳しい叱りはもちろんだが，通常の叱りでさえ児童生徒にとって不快に感じられてしまうことが多いため，そのような意味でも，叱りが罰としての意味をもたないように注意しなくてはならない。

　また，教師が児童生徒のためと思って叱ったとしても，自己中心的な理由（教師の保身）で叱った，また，感情のはけ口（機嫌が悪かった）として叱ったなどと児童生徒に認知されれば，叱る効果はないどころか，教師と児童生徒の人間関係に長期間にわたる悪影響を及ぼすことさえある。そのため，そのような誤解を児童生徒に与えたり，児童生徒の反発を招くような感情的な叱り方や脅威的な叱り方は避けられなければならない。叱る効果は，児童生徒に叱られた理由が説明され，何が問題とされたのかを理解してもらってはじめてもたらされる。そのため，児童生徒の性格や能力など変化しにくい人間的特徴を叱るのではなく，具体的に問題となったことを，感情的になることなく，適切な言語を用いて諭すように伝えて，児童生徒に叱られたこととその理由を受け入れてもらう必要があるだろう。加えて，叱ることが今後の成功に導くための指針となるために，望まれる行為が将来のよりよい結果や重要性につながることを示しながら，具体的な目標などを伝えることで児童生徒が適切な行動を選択できるように支援しなければならない。このように児童生徒に何が望ましい行動か考えさせることにより，叱ることは，問題行動のような望ましくない行動を抑制する働きをするだけでなく，望ましい行動の促進にもつながるのである。

（3）ほめたり叱ったりする際の留意点

　学校現場においては，教師は児童生徒に対して影響力をもつ存在ではあるが，ほめたり叱ったりする際に，児童生徒のことを「教師の言うことを聞くべき存在」として捉えてはならない。ほめることも叱ることも，教師から児童生徒へ一方的に行われるものではなく，児童生徒がほめられたり叱られたりした体験として受け止めてはじめて成立するのである。その受け止められ

方は，児童生徒の状況，現場の状況，児童生徒と教師の人間関係などによって変化する。そして，教師の影響力は，教師の人間性そのものよりも，児童生徒が教師をどのような人間として認知するかによって変化するとされている。教師と児童生徒の良好な関係性があってはじめて，ほめたり叱ったりする効果が発揮されるのである。

　ほめることや叱ることによる指導が児童生徒の行動の指針になるためには，教師が，基本的には，どんなときでも，どんな場所でも，誰に対しても，公正で，一貫性のある指導を行うことが重要となる。このような態度は，教師の信頼性を高めるとともに，教師の影響力を高めることにつながる。しかし，ほめたり叱ったりする際には，児童生徒の個人差にも留意する必要があるのが現実である。児童生徒の個人特性によっては，同じような状況で，同じようにほめたり叱ったりしたにもかかわらず，同じ効果がもたらされないことも十分ありうる。例えば，能力に焦点を合わせたほめ方は，有能感を高めることもあるが，児童生徒によっては，教師の望む目標を達成することへのプレッシャーや不安を生むこともある。また，叱られたことをポジティブに受け取りやすい児童生徒もいれば，少し注意されただけで気にしてしまう者もいる。ほめることや叱ることの受け止め方は，児童生徒の道徳性の発達段階，生育環境，性別，ほめ言葉や叱り言葉の種類によっても異なるとされている。したがって，原則として公正で一貫性のある指導を重視しながらも，同時に児童生徒の個人差に配慮することも必要となる。

　また，学級集団の中で，一貫性をもって児童生徒をほめたり叱ったりすることは，教師の教育的な価値体系を学級全体に伝達し，ともすれば学級集団を一定の目標に方向づけることを可能とするが，その際には細心の注意を払うことが必要となる。例えば，学級集団の中でほめられることは，児童生徒にとっては仲間からの承認を得ることになり，意欲や自信につながる一方，学級集団の中で個人を叱ることは，児童生徒の自尊感情を傷つけるだけでなく，その児童生徒に対する仲間からの評価を低める可能性もある。また，ある特定の児童生徒がほめられた（叱られた）という事実が，学級の他の児童生徒にとっては叱られた（ほめられた）と受け止められることもあるだろう。

特に，教師と児童生徒の関係性が良好ではない学級の場合，ほめることや叱ることの効果は教師が意図したものとは逆の効果をもたらす可能性がある。教師には，児童生徒の個人差や現場の状況を見据えつつ，学級集団からの視点にも留意しながら「ほめる」「叱る」といった指導を行う姿勢が求められる。

3．生徒指導におけるほめる教育と叱る教育の位置づけ

　教師の視点から捉えると，日々繰り返される「ほめる」「叱る」といった指導は，児童生徒の適切な判断や行動を促すための行為であり，いずれも教師が児童生徒の判断や行動をどのように受け止めているのかを児童生徒に伝えるものである。すなわち，ほめることや叱ることは，児童生徒が社会で適応的に生きていくための規範を伝達するという機能を有し，児童生徒の価値観や道徳観，行動規範の形成に重要な役割を果たす教師の行為であるため，生徒指導において非常に重要な役割を果たすと考えられる。

　生徒指導の観点から考えると，ほめることをより重視する教育は，望ましい行動を促進しながら，問題行動を未然に防ぐことを目標とするため，積極的生徒指導に深く関与すると言える（関連するキーワードとして，「ポジティブ行動支援」がある）。もちろん，消極的生徒指導として，必要に応じて，叱ることで問題行動に対処しなければならないこともあるが，できるだけその機会を減らす工夫が求められる。例えば，ほめる教育を推進するために教師がまずできることは，教育目標に従って，具体的で，児童生徒が達成可能なルールを設定することであろう。次に，そのルールの必要性，ルールが遵守されないことによる弊害などを，児童生徒の発達段階にあわせて，わかりやすく説明し，児童生徒にルールを守ってもらうように伝えることが，教師には求められる。このような工夫は，児童生徒が自分自身の行動を適切にコントロールし，教師が児童生徒をほめる機会を増やし，叱る機会を減らすことにつながると考えられる。このような日常的に当たり前に行われている「ほめる」「叱る」といった指導について，教師がしっかりと見直すことにより，学習活動に寄与する学級のポジティブな雰囲気が醸成され，すべての児童生徒が成功した学習者となる学級の実現に近づくのである。　　　　　（向居　暁）

Q 17 マイノリティー集団に属する児童生徒への支援や指導について説明しなさい

1. マイノリティー集団の定義と現状

　マイノリティー集団とは，「社会的少数派」のことを指す。具体的な例としては，人種的・民族的マイノリティー（外国人など），身体・精神障害者（発達障害など），性的マイノリティー（LGBTQ など）が挙げられる。こうしたマイノリティー集団に属する人々は，身体的・文化的特徴によって，住んでいる社会の中で不平等な扱いを受けており，差別や特異性と付き合いながら生きている。

　日本の学校において，マイノリティー集団に属する児童生徒の数は，決して少なくない。例えば，日本の学校に所属している外国人児童生徒は，2018（平成30）年5月現在，小学校に59,094人，中学校に23,051人，高等学校に9,614人が在籍しており，全国児童生徒の0.7%を占めている。また，2017（平成29）年5月現在，日本の特別支援学校に在籍する児童生徒数は，141,944人に至ると報告されている。小・中学校の特別支援学級や通常の学級に在籍する児童生徒まで含めると，その数は約42万人に達しており，義務教育段階の全児童生徒数の4.2%が何らかの身体的・精神的障害を抱えていると推計される。また，日本成人の11人に1人が性的マイノリティーであるという調査結果を踏まえると，1学級の児童生徒のうち，2～3人は性的マイノリティー層に該当する可能性がある。

2. マイノリティー集団に属する児童生徒への支援や指導

　上述したように，学校の中には多種多様なマイノリティー集団が存在しており，今後もマイノリティー集団に属する児童生徒は増加すると考えられる。そのため，教師は彼らが直面している課題を的確に把握し，適切な支援や指導を行う必要がある。

　マイノリティー集団に属する児童生徒が直面する課題として，①自己効力感の低さ，②日本語能力の不足による学力の低さ（外国人児童生徒の場合），③対人関係の問題など，学校不適応に関連するものが挙げられている。こうした課題をもつ児童生徒が学校で適応するために，最も重要な支援や指導はすべての児童生徒に対して「個の多様性」についての教育を実施することである。なぜなら，マイノリティー集団の存在を認識し，メディアによって形成された否定的な先入観や偏見を再考する教育を行うことにより，様々な価値観や文化，習慣にふれたときも，戸惑ったり，避けようとしたりせず，「個の多様性」を受け入れることができるようになるからである。

　「個の多様性」に関する具体的な取り組みとしては，例えば，道徳や社会科授業の中で，マイノリティー集団の児童生徒が差別を受ける場面を提示し，自分とは異なるマイノリティー集団の他者を演じる活動（ロールプレイング）を行うことが挙げられる。また，マイノリティー集団に対する否定的で誤った情報を取り上げ，正しい知識を提供し，正しく知る権利を与えることも必要である。これらによって，児童生徒は，マイノリティー集団に対する共感的理解が得られ，家庭や日常生活の中で形成・固着された先入観や偏見について再認識することができるようになる。そして，教師自身は，マイノリティー集団の特徴を積極的に知ろうとする姿勢，多様性を認め，尊重する態度，マイノリティー集団に属する児童生徒の相談相手として寄り添い続け，傾聴する姿勢をもつことが大切である。

参考文献・URL

電通ダイバーシティ・ラボ（2019）「LGBT調査2018」https://www.dentsu.co.jp/news/release/pdf-cms/2019002-0110-2.pdf（2020年8月4日閲覧）.

石丸径一郎（2002）「マイノリティ・グループ・アイデンティティ ── 人はいかにして自らに付与された差異を取り扱うか」『東京大学大学院教育学研究科紀要』41, pp.283-290.

文部科学省（2019）「『日本語指導が必要な児童生徒の受入状況等に関する調査』の結果について」https://www.mext.go.jp/content/20200110_

mxt-kyousei01-1421569_00001_02.pdf（2020年8月4日閲覧）．

文部科学省（2019）「日本の特別支援教育の状況について」https://www.mext.
go.jp/kaigisiryo/2019/09/__icsFiles/afieldfile/2019/09/24/1421554_3_1.
pdf（2020年8月4日閲覧）．

髙橋史子（2019）「誰を『日本人』らしいと見なすのか ── 多文化社会に
おけるナショナルアイデンティティと教員」『東京大学大学院教
育学研究科紀要』58，pp.563-582．

（李　受珉）

Q 18　学校教育現場において規範意識の醸成が必要とされている理由と，どのような対策が必要かについて，要点を説明しなさい

1．規範意識の醸成とは

　規範意識とは社会の規則や法の重要性を自覚し，それらを守り社会生活を送っていこうとする意識を指す。近年，規範・ルールを守れない子どもたちが増加しているため，「校内規律に関する指導」と「規範意識の重要性の自覚をはぐくむ指導」をあわせて教育にあたり，その醸成に取り組む必要がある。

2．規範意識の醸成が必要な理由と対策の説明

（1）規範意識の醸成が必要な理由

　近年，社会の決まり事や規範・ルールを守れない子どもたちが増えたといわれている。規範に反した問題行動の最たるものと言える学校内外での暴力行為の発生件数も年々増加している。文部科学省の調査では，特に小学校での件数が5年前，10年前のそれぞれ約4倍，6倍となり，中学校・高校を上回るなど，問題行動の低年齢化が進んでいる。このような現状を踏まえると，低年齢時からの規範意識の醸成は重要と考えられる。教育基本法や学校教育法においても，規範意識の醸成を通して健全な社会のあり方に貢献する意欲を児童生徒にはぐくんでもらうことが教育の目標として挙げられている。結果として，安心して勉学に励むことが可能な秩序ある学校環境の構築につながることからも，児童生徒の規範意識の醸成は必要不可欠である。

（2）規範意識の醸成への対策

　規範意識の醸成のためには，「校内規律に関する指導」と「規範意識の重要性の自覚をはぐくむ指導」を組み合わせて臨む必要がある。第一に校内規律に関する指導とは，「一般社会で許されない行いは，学校の中でも許容されない」という毅然とした態度で，学校全体，学級，授業での規則を守らせる取

り組みである。その際，学校は規律やルールを学ぶ場でもあるという意識を全教職員が共有して，担任による学級運営から学校組織としての指導まで，すべての教育活動において首尾一貫して校内規律の確立にあたる必要がある。

第二に規範意識の重要性の自覚をはぐくむ指導とは，規則を守る意味と重要性を根気強く説明し，規範の遵守に対する自律性を養成することを指す。例えば，ホームルームや特別活動，生徒会活動の中で規範遵守の意義を考えさせたり，他者の気持ちや権利について討論してもらったりする中で，児童生徒が自主的に規範を守ることができるように指導することが挙げられる。また，喫煙・飲酒や万引きなどを規制する一般社会の法律を引き合いに出しつつ指導することも有効だと考えられる。こうした取り組みの結果として，教職員の指示によって規範を守ることから，規範の意義を理解して自律的・自主的に守るようになってもらうことを教育目標とすることが重要である。

また，『生徒指導提要』では，家庭での教育や生活習慣の確立が規範意識の醸成のための基盤となると述べられている。それゆえ，学校の指導方針や規則を発信しつつ家庭や地域社会と連携して取り組んでいくことも重要である。

3. 発展：規範の厳格さ，個人の自由，Well-being の関係性について

国全体あるいは身近な地域環境であろうと，一定程度の規範の厳格さが確立されており人々がそれを守るような社会では，人々の Well-being も比較的高いことが明らかになっている。個人の自由が多少制限されようとも，秩序ある生活環境という恩恵が与えられるがゆえである。こうした知見も踏まえると，効率的に生徒指導が行えると考えられる。その一方で，社会における規範は厳しくなりすぎると，自由を過度に抑制して Well-being を低減させることも示されている。校内規律を設定して指導にあたる際には，常に一般社会の常識や価値観の変化に留意し，過度に厳格なルールを設定していないか，規則を拡大解釈して適用していないかにも気を配るべきである。

参考文献・URL

文部科学省（2010）『生徒指導提要』教育図書.

文部科学省・警察庁（2006）『「児童生徒の規範意識を育むための教師用指
　　導資料」（非行防止教室を中心とした取組）』.

文部科学省（2020）『令和元年度 児童生徒の問題行動・不登校等生徒指導上
　　の諸課題に関する調査結果について』https://www.mext.go.jp/content/
　　20201015-mext_jidou02-100002753_01.pdf（2020年11月27日閲覧）.

中里直樹（2020）「規範の厳格さと自由選択の感覚がWell-beingに及ぼす
　　影響：国単位の分析による検討」『九州心理学会第81回大会発表
　　論文集』, p.9.

東京都教育委員会（2016）『子供たちの規範意識を育むために』https://www.
　　kyoiku.metro.tokyo.lg.jp/school/document/morality/files/other/
　　pamphlet.pdf（2020年11月27日閲覧）.

（中里直樹）

Q 19 　学級集団における教師の役割を，リーダーシップ理論の観点から述べなさい

1．リーダーシップ，リーダーシップ理論とは

　リーダーシップは，過去，多くの学問領域で検討されてきたテーマであり，各学問領域において，それぞれ異なる定義が存在することも想定されるが，ここでは，社会心理学で用いられている，「集団目標の達成に向けてなされる集団の諸活動に影響を与える過程」と定義する。この定義によれば，いわゆるリーダーの地位にいる人のみがリーダーシップを発揮する存在ではないことがわかるであろう。たとえリーダーの地位についていなくても，その人が集団の諸活動に影響を与える存在であれば，リーダーシップは発揮されているとみなされる。そして，リーダーシップが発揮されれば，それは必ず効果的であると言えるものでもない。リーダーシップは，集団目標の達成に向けてなされる活動に影響を与えるものではあるが，その影響にはプラスの影響もあれば，マイナスの影響もある。また，集団目標自体も多面的に捉える必要があると思われる。例えば集団の生産性を向上させる効果は見られたが，集団のメンバーは疲弊し，個々のメンバーが集団から離れていくような場合，これをどう評価すべきなのかは判断に迷うところであろう。以上を要約すると，リーダーシップは，リーダーの地位にいる人だけが発揮するものではないこと，そしてリーダーシップの発揮とリーダーシップの効果は独立して考える必要があるということになる。

　一方，リーダーシップ理論といってもその内容は一様ではない。心理学のリーダーシップ研究におけるアプローチには，以下の5つがある。①リーダーの性格などの個人の諸要因に注目する「リーダー中心アプローチ」。②リーダーの行動に注目する「行動論的アプローチ」。③集団の置かれている状況によってリーダーの行動の効果性が異なることを想定する「状況的アプローチ」。④リーダーとフォロワーの双方向的な影響過程に注目する「相互

作用的アプローチ」。⑤フォロワーを能動的な認知者・行動者として想定する「フォロワー中心アプローチ」の5つである。この5つのアプローチのうち，リーダーに焦点を当てたアプローチは①，②，③の3つである。そして，リーダーシップが問われる場面というのは，現行のリーダーと効果的なリーダーシップの間にズレが生じ，リーダーに変化が求められた場合なのではないだろうか。①〜③のアプローチはいずれもリーダーに焦点をあてたものであるが，①はリーダーの性格などの個人の要因に，②，③はリーダーの行動に注目している。このうち，必要に応じて変化を期待しやすいのは，性格よりも行動であろう。以上のことから，様々なリーダーシップに対するアプローチの中で，リーダーの行動に着目したアプローチである「行動論的アプローチ」と「状況的アプローチ」の2つに絞って，理論から類推される教師の役割を述べていく。

2．学級集団における教師の役割

　学級集団における教師の役割について，重要な点は以下の3点である。①子どもの模範になるような行動を実践すること，②効果的なリーダーシップにつながる2つのタイプの行動は何かを認識して行動すること，③学級集団の状況に応じて効果的なリーダーシップにつながる2つのタイプの行動の割合を調整することである。

（1）子どもの模範になるような行動を実践すること

　教師がリーダーとなる学級集団の大きな特徴は，フォロワーが発達途上の子どもであるということであろう。子どもの認知の特徴として，複雑な，あるいは矛盾したメッセージの受け取り方が大人とは異なることが知られている。例えば言語的には「ありがとう」と感謝の意を示していても，表情が暗く，明らかに喜んでいないような場合，大人であればそれぞれのメッセージを勘案し，非言語的なメッセージを重視して判断することが多いが，子どもの場合は言語的なメッセージを素直に受け取り，相手は喜んでいると理解することがある。そのような特徴を踏まえたうえで，教師が教育目標と矛盾したあるいは正反対の行動をとった場合を考えてみよう。大人であれば文脈や

日ごろの行動との対比などから，そのような行動を例外として認知することも可能であるが，子どもの場合は教師が行った問題行動を素直に受け取り，その行動が認められたもの，実践してもよいものとして認知されることが予想できる。このようなことが起こらないためにも，教師は常に児童生徒の目にさらされており，いつも見られているという意識をもつこと，そして自分がモデルとなって子どもが教師の行動を真似たとしても恥ずかしくないような行動を率先して示すこと，さらにそのような行動を一貫して実践することが重要であろう。

（2）効果的なリーダーシップにつながる２つのタイプの行動は何かを認識して行動する

　次に，リーダーの行動に焦点をあてたリーダーシップ理論から導き出される教師の役割について述べていく。「行動論的アプローチ」の１つであるPM理論，「状況的アプローチ」の１つであるライフサイクル理論によれば，それぞれの理論で名称は異なるが，リーダーシップに影響を与えるリーダーの行動として，集団目標の達成につながる行動と集団内の融和を図りフォロワーの人間関係を円滑にすることにつながる行動の２つが効果的なリーダーシップにつながる行動として指摘されている。このことから教師の役割として，教育目標の達成につながる行動，児童生徒相互の友好的な人間関係を作り出すことにつながる行動といった２つのタイプの行動を意識して実践することが求められよう。

　また，PM理論では，これらのリーダーの行動の実践頻度を，リーダーの行動観察ではなく，フォロワーの認知によって測定している。つまり，リーダーがどの程度これらの行動を実践しているかではなく，これらのリーダーの行動がフォロワーにどう映っているかを問題としているということである。この点も重視すべきであろう。すなわち，教師は，効果的なリーダーシップにつながるといわれているリーダーの行動を実践することが最終目標ではなく，その実践をいかにしてフォロワーである児童生徒に伝えるかまでを考えていく必要があるということである。

（3）学級集団の状況に応じて効果的なリーダーシップにつながる2つの
タイプの行動の割合を調整する

　さらに，集団の置かれた状況を加味してリーダーの効果的なリーダーシップを考えるライフサイクル理論を踏まえ，教師の役割を述べていく。この理論では，集団の置かれた状況をフォロワーの成熟度という要因で分類している。フォロワーの成熟度とは，フォロワーの達成動機，集団目標の達成に必要な教育や経験，集団内での責任分担の意識や責任を果たすための能力などのレベルのことである。未成熟な状況では，成熟度を高めるような集団目標の達成につながる行動を多くとることが効果的で，成熟度が上がるにつれて，フォロワーの人間関係を友好的なものにすることにつながる行動の頻度を上げていく必要があることを指摘している。これを踏まえると，例えばクラス替えで，新たな学級集団が編成されたような状況では，教師は，児童生徒の学業に対する動機づけ，自律的，自発的に学業を遂行できる能力などを勘案し，どの程度の成熟度かを踏まえたうえで，自らがとるべき行動を決める必要があろう。学級内の児童生徒の成熟度を考え，目標達成につながる行動，集団内の融和につながる行動，それぞれの割合を調整していくことが望まれる。

3．補足：リーダーシップへの教育目標の影響

　効果的なリーダーシップにつながるリーダーの行動として，集団目標の達成につながる行動と集団内の融和を図りフォロワーの人間関係を円滑にすることにつながる行動の2つがあることは示したが，それらの具体的行動についてはほとんど明示していない。その理由は以下の通りである。PM理論では，それらの行動の具体例は評定項目の形で示されている。それらは1970年代に作成されたものであり，その後の学校教育の変化を考えると，現代においても妥当なものであるのかという疑問を感じるためである。1996（平成8）年の中央教育審議会の答申において，変化の激しい社会を担う子どもたちに必要な力として「生きる力」が提唱され，それ以降，子どもの自主的，自発的な学びが強調されている。これ以前にも自発的な学びが無視されてき

たわけではないであろうが，どちらかといえば，主として知識や技能の習得に力が向けられてきたのではないだろうか。効果的なリーダーシップにつながると考えられる具体的な行動は，その時代の教育目標の影響を受けざるを得ず，それが教育目標の変化が生じた現在でもあてはまるのか，疑問を感じるということである。具体的に言えば，集団内の融和を図ることにつながる行動（集団維持機能）については，今でも通用する部分が多いように感じられるが，集団目標の達成につながる行動（目標達成機能）については，集団目標が学業成績の向上（知識の習得）と位置づけられているように感じられ，自発的，自主的な学びの視点は欠けているように思われる。理論から具体的なものを導く際には，その理論が出された背景や時代なども併せて考える必要がある。以上のような理由で，上の「2．学級集団における教師の役割」は，それぞれの行動の具体例は示さない形で記述している。

参考文献

ハーシィ，P. ＆ブランチャード，K. H.（松井賚夫監訳）(1974)『管理者のための行動科学入門』日本生産性本部．

大前暁政 (2016)『学級経営に活かす教師のリーダーシップ入門』金子書房．

坂田桐子 (2009)「リーダーシップ」日本社会心理学会編『社会心理学事典』丸善，pp.344-345.

佐藤静一・篠原弘章 (1976)「学級担任教師のPM式指導類型が学級意識及び学級雰囲気に及ぼす効果 ― 数量化理論第Ⅱ類による検討」『教育心理学研究』24, pp.235-246.

（坪田雄二）

Q 20　学級経営・ホームルーム経営の観点から，学級集団の理解の重要性を説明しなさい

1．集団の要件，学級経営・ホームルーム経営

　集団を構成する条件として，以下の 3 つがある。1 つは複数の人間が存在すること，2 つ目は複数の人間に共通の目的が存在すること，そして 3 つ目は複数の人間の間にかかわり合いがあり，互いに影響を及ぼしあうような関係性，いわゆるコミュニケーションが存在することである。

　そして，学級経営・ホームルーム経営とは以下のようなものである。学校生活において，学級・ホームルームの場を中心として児童生徒の生活は営まれ，その中で児童生徒の人間形成，成長発達が進められている。授業はもちろん，始業前や休憩，昼食時間における仲間とのやりとり，清掃やクラブ活動等の放課後の諸活動など，学級・ホームルームの場において多様な体験がなされ，それが児童生徒の個性の伸長や社会性の獲得などにつながるものとなる。学級経営・ホームルーム経営とは，一人ひとりの児童生徒の成長発達が円滑にかつ確実に進むように，学校経営の基本方針のもとに，学級・ホームルームを単位として展開される様々な教育活動の成果が上がるよう諸条件を整備し運営していくことであり，主として学級担任，ホームルーム担任がその責を担うものである。ちなみに，学級経営とホームルーム経営の違いは，学校種にあり，小学校の場合を学級経営，中学校，高等学校の場合をホームルーム経営と呼んでおり，内容面では同義である。

2．学級集団の理解の重要性

（1）学級集団の形成

　クラス替えなど新たな学級集団が構成された場合，最初に教師が行うべきことは，そのクラスを集団にすることである。当然のことではあるが，学級には複数の児童生徒が存在し，学校生活において，学級・ホームルームが主

たる活動の場となっており，そこでは何らかのコミュニケーションが成立することが想定できる。このように考えると，新たに構成された学級を集団にするためには，教師は児童生徒に共通の目的を意識させることが必要となる。共通の目的を意識させることで，自分のまわりにいる子どもを自分にとって身近な存在である他者にする，つまり集団にすることができ，生徒指導の機能である自己存在感を与える，共感的な人間関係を作ることの基礎が形作られることになる。また，共通の目的を児童生徒たち自身に考えさせることによって，自己決定の場を与える機能にもつながる。当然，その共通の目的は学校経営の方針と合致したものである必要があり，教育目標の達成に寄与する内容とならねばならない。そのような内容にすることも教師の役割であろう。

（2）集団の特徴が個人に与える影響

また，学級・ホームルームが集団としての機能を果たすようになると，それぞれの集団の特徴が表れてくる。それは中学校・高等学校など，同じ教師が異なるクラスで授業をする際に顕著に感じられるだろう。例えば授業中，非常に活気にあふれているクラスもあれば，静かで反応に乏しいクラスもあるであろう。そのようなクラスの雰囲気，モラールなどに個々の児童生徒が影響を受ける。このように，集団内の個人は集団全体の特徴によって影響を受ける存在であることが，学級経営・ホームルーム経営を進めるうえで，学級集団の理解が重要になってくる理由である。それでは，集団のどのような特徴が，集団個々のメンバーに影響を与えるのであろうか。集団凝集性，集団風土という2つの観点から見てみよう。

集団凝集性とは，メンバーをその集団にとどまらせようとする力，言い換えればメンバーがその集団に感じる魅力のことである。凝集性の高い集団のメンバーは，集団に対して責任ある行動をとろうとし，互いに影響を与え合う傾向が強く，集団内で気持ちの安定や緊張からの解放といった心理的安定を感じる。その一方で，まわりの意見に合わせ，自分の意見を表明しないなどの傾向もみられる。このように良い面ばかりではないが，児童生徒に学校を心の居場所と感じさせるためには，凝集性の高いほうが望ましいであろ

う。それでは凝集性はどのような要因に規定されるのであろうか。魅力的な
メンバーがそろっているというのもあろうが，それ以外でも，集団目標の魅
力度，集団の意思決定への参加の程度などにも影響される。集団としての意
思決定へ参加できるほど凝集性が高くなることを考えると，自己決定の場を
与えるという生徒指導の機能を果たすことが，集団凝集性を高め，それがひ
いては心の居場所づくりにもつながるともいえよう。

　次に集団風土が個々の児童生徒に与える影響について述べていく。集団風
土とは集団の全体的な特徴や雰囲気を指し，学級の場合は学級風土と呼ばれ
る。そのような集団の特徴を捉える 1 つの視点として，学級での達成目標を
どのように考えるか（学級で求められているものは何か）というものがあ
る。知識や技能の習熟を目指すような目標は学習目標，能力の高さや成績の
良さなどを示すことを目指すような目標は遂行目標と呼ばれている。自分の
クラスの目標が学習目標であると認知している児童生徒は失敗を学習の一部
であると考え，それを恐れず，積極的に行動し，自分のクラスを好む傾向を
示す。一方，自分のクラスの目標を遂行目標と認知している児童生徒は，失
敗は高い遂行結果を阻むものであるため，それを恐れ，少しでも失敗の恐れ
があれば，その行動は避けるようになり，自分のクラスに対しても否定的な
態度を示す。このように集団内での達成目標の認知が個々の児童生徒の行動
に影響を与える。そして，学級で支配的な達成目標がどのようにして形成さ
れるかといえば，それは教師が日ごろ，児童生徒に対して示す評価が原因で
あろう。個々の児童生徒の能力の伸長や学習方法の改善など，個人内の変化
に基づく評価が多く示される場合，学習目標が形成されやすく，他者との比
較に基づく優劣によって評価が示される場合は遂行目標につながりやすくな
る。日常的に繰り返される教師の個々の行動が学級集団の特徴を生み出すこ
とを念頭に置いて，児童生徒と接していくことが必要であろう。

3．補足：学級経営・ホームルーム経営を円滑に進めるために

　「2．学級集団の理解の重要性」では記載しなかったが，学級経営・ホーム
ルーム経営を円滑に進めるための下準備として，教室環境の整備，基本的生

活習慣の確立という2つの重要なものがある。教室環境の整備については，教室を清潔で潤いのある空間にすることで，子どもが安全に，安心して活動に従事でき，それが情緒の安定にもつながっていく。また，基本的生活習慣については，食事や睡眠の習慣など，主に家庭において身に付けられるものもあるが，ここでは学校内での基本的な生活習慣を取り上げる。学校内での生活習慣とは，時間を守る，ものを大切にする，服装を整えるなどの学校生活を営むうえで必要なきまりに関する生活習慣，あいさつや礼儀，他者とのかかわりや自らの役割を果たすなどの集団生活にかかわる生活習慣，授業規律や態度，忘れ物をしないなどの学校における様々な活動を行ううえでの生活習慣の3つがある。まずはこれら3つの習慣を形作ることも学級経営の始まりの1つである。

参考文献

河村茂雄（2017）『アクティブラーニングを成功させる学級づくり ──「自ら学ぶ力」を着実に高める学習環境づくりとは』誠信書房.
文部科学省（2010）『生徒指導提要』教育図書.

（坪田雄二）

Q 21　発達障害における二次障害について説明しなさい

1．二次障害とは

　自閉スペクトラム症（Autism Spectrum Disorder：ASD），注意欠如・多動症（Attention Deficit Hyperactivity Disorder：ADHD），限局性学習症（Specific Learning Disorder：SLD）といった発達障害のある児童生徒は，学校生活のなかで様々な不適応症状を示す場合がある。この不適応症状のうち，発達障害の基本的特性に起因しないものが二次障害である。つまり，発達障害における二次障害とは，発達障害そのものの特性とは別に，周囲からの不適切な対応，失敗や挫折の繰り返しにより，本人の自己評価が低下した結果として生じる精神疾患や不適応行動を指す。具体例として，うつ病などの精神疾患，不登校，非行が挙げられる。

2．二次障害の要因と必要な対応

　二次障害が生じる要因としては，周囲からの不適切な対応によるストレス経験，失敗，挫折の繰り返しがあり，これらが頻繁に起こると自己評価の低下や長期的な不安が生じるため二次障害につながる。

　発達障害の当事者は，生まれつき，社会性や行動抑制，情報処理などの特性が多くの人と異なるため，多数派中心に作られた社会のなかで生活する際に問題が生じやすい。しかし，家庭や教育現場で対応の困難さが顕著になるのは，これら基本的特性に起因する問題よりも，むしろ二次障害であることが多い。こういった問題に対応するためには，家庭はもとより学校や医療機関がそれぞれ連携し，適切な援助を提供することが重要である。そのためには，適応指導教室や特別支援教育といった個人の特性に配慮した環境の整備や教育の実施を検討し，児童生徒の能力が発揮されやすい場を整えることが必要不可欠である。

3．学校での対応のポイント

　特定の児童生徒がある程度の長期間にわたり問題を起こす場合，その児童生徒が発達障害のある可能性を踏まえながら，一人ひとりへの個別対応を考えることが重要である。特に，発達障害の程度が軽微であると，周囲からは「本人の性格ややる気による問題」や「養育者のしつけの問題」だと捉えられがちである。児童生徒は，養育者や教師から否定的なことを言われると不安や孤独感をもちやすいため，問題への対応は慎重に行うべきである。実際の対応としては以下の5つが挙げられる。

（1）発達障害の有無の確認

　学業不振，運動や集団行動の苦手さ，他の児童生徒とのトラブルが顕著であるために注意や叱責を受けることが多い児童生徒の場合，背景要因として発達障害を考慮し，早期に適切な対応をとることが二次障害の予防には重要である。具体的な対応としては，その児童生徒が家庭でどのようにすごしているか，家庭と学校での行動に違いはあるのかといった情報を収集する。

　まず，学校に心理職が在籍している場合は，教師と心理職の間で適宜相談しながら養育者と連携を図り，児童生徒が傷つかないよう配慮しながら，入学後の学校での様子や家庭での様子を確認し時系列順に書き出す。次に，医療機関や教育相談機関等で知能検査や発達検査を行い，児童生徒の知的能力や発達の傾向を把握する。

（2）家庭との協力

　児童生徒の行動上の問題の原因を家庭での養育やしつけの悪さに帰属すると，家庭と学校の対立が起こる。児童生徒の家族はともに協力し合う相手と考え，家庭内に問題がある場合は，学校に比較的協力してくれるキーパーソン（になってくれそうな人物）は誰かを考える。二次障害が生じる要因は，周囲からの不適切な対応であるため，児童生徒に理解を示し，学校側と協力し合える児童生徒の家族を見いだすことが重要である。

（3）学校での支援体制を整える

　問題については学校全体で話し合い，特別支援教育コーディネーターに位

置づく人間が中心となり支援体制を整える。そのうえで，特別支援学級や通級指導教室の利用を検討する。その際には，個々に応じた指導計画を作成し，指導を行うことが望ましい。

（4）医療機関や療育センターとの連携

大きな問題行動が生じた場合は早期に医療機関に相談する。二次障害が重篤化した場合，うつ病などの精神疾患や非行につながるため，あらかじめ通院可能な範囲にある医療機関や，地域にある療育センターを見つけておくことが肝要である。これらの機関では，以下のことが期待できる。

①診断：発達障害の診断，他の精神神経疾患の鑑別

②治療：養育者へのガイダンス，本人及び家族への心理療法や薬物療法

（5）児童相談所との連携

虐待など家族の問題が大きい場合は，早期に児童相談所へ相談する。養育者が児童相談所へ行くことを拒否している場合であっても学校から直接，児童相談所へ相談するべきである。

参考文献

別府哲・坂本洋子（2005）「登校しぶりを示した軽度発達障害児における自己の発達と他者の役割」『心理科学』2, pp.11-22.

下司晶一・石隈利紀・緒方明子・柘植雅義・服部美佳子・宮本信也（2005）『現場で役立つ特別支援教育ハンドブック』日本文化科学社.

斎藤万比古・奥野誠一（2009）『発達障害が引き起こす二次障害のケアとサポート』学研プラス.

（阿部夏希）

Q 22 　学習支援の場面において，発達障害のある児童生徒に対する支援を行う際の留意点を挙げなさい

1．発達障害のある児童生徒に対する学習支援上の留意点

　発達障害とは，生得的な脳機能の障害であり，主に自閉スペクトラム症（以下，ASD），注意欠如・多動症（以下，ADHD），限局性学習症（以下，SLD）の3つに分類される。発達障害児は，知的発達には遅れが見られず，定型発達児と同等の知的能力を有していたとしても，学習上の困難を示すことがある。これは児童が有する障害の特性に起因することが多い。また，学習のどのような箇所に困難を示すかは個人によって異なる。したがって，学習支援上の留意点としては，学習上のつまずきや障害特性を把握したうえで，個人のニーズに応じた支援を行う必要性が挙げられる。また，発達障害児は学習に対する自尊感情や自己効力感の低下が見られることも多いため，それらをはぐくむことも重要である。

2．発達障害児の障害特性に応じた学習上の問題とその支援策

　各障害特性によって，生じやすい問題や支援策は異なるため，主要な問題・支援策を挙げる。

（1）ASD児の学習上の問題とその支援策

　ASDは社会性の障害，コミュニケーションの障害，想像力の障害の3つを特徴とする。ASD児は，言語理解を不得手とするという特性をもつため，教師からの指示の理解に困難を示すことがある。そのため，図式を用いての説明や，婉曲的な表現を用いた指示を避けるといった配慮が有効である。また，興味の限局もASDの特性の1つであり，自分が関心を抱けない内容に対しては学習意欲が減衰するような，学習内容に応じたモチベーションの偏りが見られやすい。この場合，問題をASD児の興味のある題材に変更するなど，児童生徒の興味を惹くきっかけを作り出すことで，児童生徒の意欲を

引き出すことが可能となる。

（2）ADHD児の学習上の問題とその支援策

ADHDは不注意，多動性，衝動性を特性とする障害である。そのため，授業時間を通して集中を持続させることが難しく，集中が切れたときに授業と無関係の作業を開始したり，手遊びや姿勢の乱れが見られたりする。この場合，例えば，外の景色に注意が逸れやすい窓際の席を避けるなど，ADHD児の注意を逸らす刺激を周囲からできる限り除外することが重要である。また，教師の説明中に自分の考えを口に出すなどの抑制が効かない様子が見られることもある。授業内容に関係のある発言には積極的に賞賛や反応を行い，無関係の発言には反応しないことで，ADHD児の発言への意欲を減衰させずに場面に適さない発言への対処を行う。

（3）SLD児の学習上の問題とその支援策

SLDは聞く，話す，読む，書く，計算するまたは推論する能力のうち特定のものの習得と使用に著しい困難を示す障害である。特に，読みの障害がある場合，教科書や黒板の文字の理解に時間を要するため，学習全般に遅れが見られることが多い。SLD児に対しては，ICT機器が有用である。読みの障害がある児童に対しては，音声読み上げソフトを使用することで，読字のストレスを低減させることができる。また，書きの障害に対しても，板書をタブレット端末で撮影し，自分のペースで板書できるように配慮するなど，SLD児の苦手な学習活動をICT機器によって補うことが可能となる。

3. 学習に対する自尊感情や自己効力感をはぐくむ

発達障害を有する児童生徒は，学習に対する自尊感情や自己効力感の低下が見られることが多い。これは，これまで児童生徒が経験してきた学習への努力が報われない経験や，教師からの注意・叱責を通じて，周囲の児童生徒と自分を比較し，「勉強ができない自分」を意識してしまいやすいことに起因する。勉強時における自尊感情の低下は，ときに不登校や反抗的態度などの不適応行動につながることがある。したがって，学習支援上では，児童生徒ができることを1つずつスモールステップで行い，できたことについては

ほめることが重要である。それによって，発達障害児が「勉強ができる」という体験を積み重ね，勉強への自尊感情や自己効力感を取り戻し，学習に対する意欲を引き出すことができる。

参考文献・URL

鴻月美里（2019）『どうして僕は勉強ができないの？ ―― 発達障害児のための学習支援』幻冬舎.

文部科学省（2005）「特別支援教育を推進するための制度の在り方について（答申）」https://www.mext.go.jp/b_menu/shingi/chukyo/chukyo0/toushin/05120801.htm（2020年12月1日閲覧）.

湯澤美紀・河村暁・湯澤正通（2013）『ワーキングメモリと特別な支援 ―― 一人ひとりの学習のニーズに応える』北大路書房.

（小田真実）

Q 23　反社会的行動と非社会的行動の違いと関連について説明しなさい

1．「反社会的行動」および「非社会的行動」とは

「反社会的行動」とは，他者に対して不利益を与え，生命や権利を脅かす行動を指す。一方で，「非社会的行動」とは，他者に対して何らかの危害を加えたり不利益を与えたりするのではなく，自己に不利益を生じさせ，身体的健康や精神的健康を損なう行動を指す。一般に，これらの行動は「問題行動」または「不適応行動」と定義される。

2．各行動の差異と関連

（1）反社会的行動の特徴

違法行為，欺瞞行為，搾取的行為，無謀な行為などを含み，具体的には能動的な攻撃行動や暴力，非行などが挙げられる。これらの行動は，児童期には攻撃行動に加え癇癪，多動性といった形で確認され，そのような行動を示す児童は，成人期に犯罪行為をする可能性や薬物依存，アルコール依存になる可能性が高く，刑事事件にまで発展してしまう危険性が指摘されている。また，これらの行動は他者に対して不利益を与えるとともに，自己と他者との間に亀裂を生むことが多い。

（2）非社会的行動の特徴

他者ではなく，自己を傷つけ，身体的健康や精神的健康を損なうものであり，過度の不安や恐怖，抑うつ，引きこもりなど，認知的，情動的問題を伴って身体化する場合が多い。不登校や自殺といった形で顕在化しやすいことが指摘されている。児童期にこのような行動が認められた場合，成人期には様々な精神疾患を伴うことが示されている。また，非社会的行動においても，攻撃行動との強い関連が報告されている。

（3）反社会的行動と非社会的行動の関連

　2つの問題行動は併発する可能性が高く，さらに，問題行動が生じる危険性を低める保護要因と，高めるリスク要因において重複が指摘されている。保護要因としては，学業成績，問題解決能力，信頼できる大人の存在，良好な親子関係などが挙げられ，複数の保護要因の存在が問題行動の発生を防ぐことにつながることが報告されている。一方で，リスク要因は，エフォートフル・コントロール（継続中の反応を抑制し，非顕在的な反応を開始したり，計画を立てたり，誤りを検出したりするための能力）の低さや，家庭内でのストレスの高さ，教師との関係の悪さなどが指摘されており，リスク要因の複数の存在は，問題行動が生じる可能性を高めることが報告されている。さらに，問題行動の起源を発達的に探った縦断研究では，未就学児の時点で示される癇癪や過度の不安といった問題行動が，その後のさらに深刻な問題行動を予測することを明らかにしており，できるだけ早い発達段階における介入が問題行動の深刻化を防ぐうえで重要であることを報告している。どちらの問題行動においても，問題行動が生じた後の対応だけでなく，問題行動が生じる前に適切な介入を行い，予防を行うことが極めて重要であるといえよう。

参考文献

原野広太郎（1992）『子どもの問題行動と心理療法』金子書房.

山形伸二・酒井厚・眞榮城和美ほか（2006）「内在化・外在化問題行動はなぜ相関するか ― 相関関係の行動遺伝学的解析」『パーソナリティ研究』15, pp.103-119.

（田崎優里）

Q 24　適応上の問題行動を抱える児童生徒の感情の特徴について説明しなさい

1．適応上の問題行動を抱える児童生徒の感情の特徴

　近年，児童生徒におけるいじめの被害・加害経験や非行，不登校の発生件数が増加している。こうした適応上の問題行動を抱える児童生徒に共通する感情面の特徴として，自尊感情や情動コンピテンスの低さが挙げられる。ただし，問題行動を抱える児童生徒の感情面の特徴に関しては，共通点だけでなく，問題行動の種類によって相違点があることにも留意する必要がある。

2．適応上の問題行動を抱える児童生徒の感情面の特徴の共通点と相違点

（1）共通点1：自尊感情

　自尊感情とは，自分自身を価値あるものとして肯定的に感じることである。ただし自尊感情は，自分自身に対して「とても良い（very good）」と優越性や完全性を感じることというよりは，自分の長所も短所も含めて「これで良い（good enough）」と受け入れられている感覚を指す。いじめの被害・加害や非行，不登校といった問題行動を抱えている児童生徒は，この自尊感情が低い傾向にある。例えば，自尊感情が低い児童生徒は自己を卑下するような振る舞いが多く，攻撃を受けても報復しないように映るため，いじめの被害に遭いやすい。一方で，自尊感情の低さは強いストレス状態とも関連があるため，そうしたストレスを発散することを目的としたいじめの加害や非行とも結びついている。また，上述のような問題行動を抱える中で，児童生徒の自尊感情が低下し，その結果さらに問題行動が増加するという悪循環も生じうる。

（2）共通点2：情動コンピテンス

　情動コンピテンスとは，社会生活を送るうえで必要な感情（情動）に関する能力の総称であり，情動知能とも呼称される。情動コンピテンスに含まれ

る主要な能力としては，自身や他者の感情を適切に認識・理解する能力や，自身の感情を言葉や表情により表現する能力，そして自身や他者の感情を必要に応じて調節する能力が挙げられる。適応上の問題行動を抱える児童生徒は情動コンピテンスが低いことが多く，例えば，自身の感情をうまく表現ができない児童生徒は自身のつらい気持ちや怒りを他者に伝えられないためにいじめの被害者となりやすく，仲間と打ち解けられずに不登校につながりやすい。また，他者の感情理解や自身の感情調節が苦手な児童生徒は他者の気持ちを慮れなかったり，些細な苛立ちを抑えられなかったりするために，いじめの加害や暴力に至りやすい。

（3）相違点

　問題行動の種類によって異なる児童生徒の感情面の特徴として，まず，いじめの加害や非行の経験のある児童生徒は怒り感情が強いという特徴が挙げられる。加えて，そうした児童生徒は他者への攻撃や喫煙，飲酒行為に対して罪悪感や恥といった道徳的感情を抱きにくいという特徴もあり，そのためにいじめや非行が持続してしまう。他方で，不登校経験のある児童生徒に関しては，抑うつや不安感が強いという特徴があることも知られている。そのため，教師や友人に対する不安感を低減できるように支援することで，学校復帰や社会的自立につながる。

3. 発展：自尊感情と情動コンピテンスをはぐくむ方法

　自尊感情や情動コンピテンスをはぐくむ方法として，ソーシャル・エモーショナルラーニングや社会的スキルトレーニング，アンガーマネジメントトレーニングがある。こうしたトレーニングプログラムでは，感情の認識や表現，調節といった感情に関する様々な能力やスキルが鍛えられ，それに伴い自信がつき，自己理解や自己受容が進んだりすることで自尊感情も向上する。また，自身の呼吸や身体内部の感覚の意識を向けるマインドフルネス瞑想を行うことにより，自尊感情と情動コンピテンスが高まることが知られている。こうした介入やトレーニングにより児童生徒の自尊感情や情動コンピテンスをはぐくむことで，問題行動の予防や改善ができる。

参考文献・URL

稲垣勉（2019）「感情特性」内山伊知郎編『感情心理学ハンドブック』北
　　大路書房.

文部科学省（2019）「平成30年度児童生徒の問題行動・不登校等生徒指導
　　上の諸課題に関する調査結果」https://www.mext.go.jp/a_menu/
　　shotou/seitoshidou/1302902.htm（2020年8月1日閲覧）.

中間玲子（2016）『自尊感情の心理学 ― 理解を深める「取扱説明書」』金
　　子書房.

渡辺弥生（2019）『感情の正体 ― 発達心理学で気持ちをマネジメントす
　　る』筑摩書房.

（小林亮太）

Q 25　社会的スキルトレーニング（social skill training, SST）について説明しなさい

1．社会的スキルトレーニングとは

　社会的スキルトレーニング（以下，SST）とは，円滑な人間関係を築き，コミュニケーションをするための技術である社会的スキルの獲得を目的として行われる訓練のことである。SSTは，「言語的教示」「モデリング」「リハーサル」「フィードバック」という方法によって実施されることが多い。SSTによって，いじめや不登校の発生を予防し，学校適応を促進することが知られている。

2．SSTの対象と方法，及び効果

（1）代表的な社会的スキル

　他者と適切なコミュニケーションを行うためには様々な社会的スキルが必要であるため，SSTの対象は，あいさつや相手の話を聴くといった初歩的なスキルから，自分の主張を相手にうまく伝えるスキルや対人関係上の問題を解決するスキルなど多岐に及ぶ。近年では，対人関係における感情の重要性を踏まえ，自身や他者の感情を理解したり，感情を適切に調節したりするスキルの学習にも力点が置かれることが増えている。

（2）SSTの方法

　SSTの方法は対象となる社会的スキルによって異なることがあるものの，標準的なものとしては以下の4つが挙げられる。まず，「言語的教示」とは，スキルの内容や必要性，やり方を言葉で説明することで，社会的スキルを教えることを指す。この言語的教示は社会的スキルに関する知識を伝達するためだけでなく，スキルの学習を動機づけるためにも行われる。

　次に，「モデリング」とは，児童生徒にモデル役が社会的スキルを実行している様子を観察させることで，スキルを教授する方法である。モデル役を

教師が行うのではなく，社会的スキルを身に付けている児童生徒が行う場合やテレビ，漫画の登場人物が担う場合もある。

　そして，「リハーサル」とは，言語的教示やモデリングによって教授されたスキルについて反復練習を行うことで，社会的スキルを身に付ける方法である。リハーサルは日常生活における実践という形式だけでなく，社会的スキル使用場面を想定したシナリオを設定し，友人とロールプレイをするという形で行われることもある。

　最後に，「フィードバック」とは，児童生徒の適切なリハーサルをほめたり，不適切な振る舞いについて誤っている点を伝えたりすることであり，正しい社会的スキルの実行を促進する機能を有する。児童生徒の動機づけや自尊感情を維持するために，不適切な点の指摘も含めフィードバックは肯定的に行うことが望ましい。フィードバックには教師からの言葉かけだけでなく，児童生徒同士の感想の共有や振り返りシートへのスタンプなども含まれる。

（3）SSTの効果

　SSTにより児童生徒の社会的スキルを高めることで，良好な友人関係の構築を促すだけでなく，いじめや不登校，非行の予防にもつながる。また，SSTにより児童生徒の学校適応や主観的幸福感が促進されることも明らかにされている。SSTについては自閉スペクトラム症や注意欠如・多動症などの発達障害の児童生徒に対しても有効であることが確認されている。

3．SSTを実践する際の留意点

　SSTを実際に行う際には，SSTの対象となるスキルや児童生徒の特徴を考慮して，トレーニングプログラムを構築していく必要がある。例えば，小学生を対象としたSSTの場合には中学生や高校生の場合より，視覚的な説明を増やしたり，様々な活動を組み合わせるといった工夫をしたりすることで，児童がSST中に飽きてしまう可能性を抑えることができる。

　また，できるだけ失敗体験を減らし，児童生徒の動機づけや自己効力感を維持するために，トレーニングの内容をスモールステップ化し，小さな目標

の達成を積み重ねることで，大きな目標に近づけるようなプログラムを構築
することも重要である。

参考文献

相川充（2009）『新版　人づきあいの技術 ― ソーシャルスキルの心理学』
　　　サイエンス社.

神村栄一（2014）『学校でフル活用する認知行動療法』遠見書房.

佐藤正二・佐藤容子（2006）『学校における SST 実践ガイド ― 子どもの対
　　　人スキル指導』金剛出版.

Spence, S. H.（2003）Social skills training with children and young people:
　　　Theory, evidence and practice. Child and Adolescent Mental Health, 8,
　　　pp.84-96.

渡辺弥生・原田恵理子（2015）『中学生・高校生のためのソーシャルスキル・ト
　　　レーニング－スマホ時代に必要な人間関係の技術』明治図書出版.

　　　　　　　　　　　　　　　　　　　　　　　　　（小林亮太）

Q 26　レジリエンスとは何か，レジリエンスの育成がなぜ重要なのかについて，予防的生徒指導の観点から説明しなさい

1．レジリエンスとは

　レジリエンスの定義として，最も広く使われている定義は，「逆境・困難に対する反応としての精神的回復力や自発的治癒力」である。一般的に，逆境は，多大なストレスを感じる状況のことを指す。つまり，レジリエンスとは，ストレス状況下で逆境や困難を経験したことにより，一時的に様々なダメージを受けたとしても，あきらめることなく，その状況に合わせて柔軟に対応しながら，徐々に立ち直っていき，逆境や困難を乗り越えることを意味する。

2．レジリエンス育成の重要性

　レジリエンスは，人々の心理的側面に良い影響を与える。具体的には，抑うつの低下，自尊感情や自己効力感の上昇，ネガティブな感情の制御や回復力の向上，ネガティブな出来事に対する対処能力の向上，自殺予防，満足度や幸福感などのポジティブ感情の生起など多くの効果をもたらすとされている。さらに，問題行動の減少，パフォーマンスの向上（学業成績など），良好な対人関係，意欲の向上，問題達成力や忍耐力など，人々の行動的側面においても良い影響を及ぼすことが報告されている。

　つまり，レジリエンスをはぐくむことで，児童生徒は，失敗して気持ちが落ち込んでも，すぐに立ち直ることができる回復力，ストレスやプレッシャーをしなやかに受けとめる柔軟性，変化が多く，不確定な状況でも対応できる適応力をもつことができる。したがって，予防的生徒指導の観点から，レジリエンスは，児童生徒の望ましい発達を促し，一生のうち何度も経験すると思われる困難・逆境を乗り越えるために必要な能力であると言える。

　特に，現代の日本社会における児童生徒は，友人関係の問題や学業成績，

進路や進学，両親間葛藤や両親による不適切な養育，貧困，虐待，ネグレクトなど，多くのストレスフルな出来事を経験している。しかし，このようなストレスフルな出来事を完全になくすことは難しい。そのため，すべての児童生徒に対して，予防的にレジリエンスをはぐくむ教育を行うことは，人生の中で経験する様々な逆境や困難を乗り越える際の重要なアプローチである。

3．発展：レジリエンスを高めるために

それでは，レジリエンスを高めるにはどうすればよいだろうか。まず，教師には，各々の児童生徒がもつ気質などの内的要因と家庭状況や在籍学級などの児童生徒を取り巻く環境要因を考慮しながら，レジリエンスを促進させていくことが求められる。したがって，日々の教育活動の中で児童生徒の振る舞いや言動，状況を的確に把握し，適切な声かけを行い，個別面談や児童生徒が相談しやすい環境を整えることが重要である。そして，授業や特別活動などすべての教育活動を通じて，小さな成功経験を味わう機会を与えたり，ほめたり，失敗体験を励ましたり，勇気づけたり，成功・失敗体験を振り返らせ，友人などと共有させたり，思いやりのある学級風土を作り上げるなどの具体的な取り組みを予防的に行う必要がある。さらに，場合によっては，家族や児童生徒が属する地域社会に対してサポートを行うことも重要である。

参考文献

足立啓美・鈴木水季・久世浩司（2014）『子どもの「逆境に負けない心」を育てる本 — 楽しいワークで身につく「レジリエンス」』法研.

森敏昭・青木多寿子・淵上克義（2010）『よくわかる学校教育心理学』ミネルヴァ書房.

カレン・ライビッチ＆アンドリュー・シャテー（宇野カオリ訳）（2015）『レジリエンスの教科書 — 逆境をはね返す世界最強トレーニング』草思社.

宇野カオリ（2018）『逆境・試練を乗り越える！ レジリエンス・トレーニング入門』電波社.

（李　受珉）

Q 27　いじめの四層構造について説明しなさい

1. いじめとは

　いじめとは，ある一定の人間関係の中で，他者から被害者が心理的・物理的苦痛を伴う行為を受け続けることである。いじめ防止対策推進法では，「いじめとは，児童等（学校に在籍する児童又は生徒）に対して，当該児童等が在籍する学校に在籍している当該児童等と一定の人間関係にある他の児童等が行う心理的又は物理的な影響を与える行為（インターネットを通じて行われるものを含む。）であって，当該行為の対象となった児童等が心身の苦痛を感じているものをいう」と定義されている。

2. いじめの四層構造とは

　一般的には，いじめの構造はいじめられている人といじめをしている人で構成されるであろう。しかしながら，このような考えを越えてその他の人の存在を考慮する必要があるとの考えが提唱されている。

　いじめの生起している集団構造を社会学的見地から検討した研究からは，その集団内に四層構造が存在することが明らかになっている（図2-27-1）。すなわち，当該の集団の中に「いじめをする人（加害者）」と「いじめを受けている人（被害者）」という2つの構造に加えて，いじめをする人を援護する役を果たすことになる「はやしたてる人（観衆）」と，いじめ行為に気

図2-27-1　いじめの四層構造

（森田〔2010〕より筆者作成）

づく気づかないにかかわらず「見て見ぬふりをする人（傍観者）」が存在する。重要な点は，もっとも外側に位置する「傍観者」がいじめの行為を維持または増長させることに大きく寄与することである。何もしないでいることは「被害者」に心理的な苦しみを与え続けることとなり「加害者」と同等な存在になる。一方，「傍観者」は「被害者」に寄り添い支援する支援者になりうる存在でもあることから，いじめ認知後の「傍観者」への教育的援助はいじめ対応の重要な課題の一つである。

3. 各層の特徴と教育的支援

（1）加害者

「いじめられる人に問題があるから」という言葉がよく聞かれる。いじめの原因は被害者側にあるということであろう。この場合，いじめを受けた子どもに問題があったからといって，いじめとなる行動を正当化してはいけないと教える必要がある。例えば，客観的に当該の生徒が規範を守らなかったとしても，いじめ（無視やネットへの誹謗中傷など）をしてよいということにはならない。被害者については後述するが，この場合，ルールを守るための教育を児童生徒とともに創出していく方略が求められる。

いじめをする原因については，人間のもつ攻撃性に由来するとする考えもあるが，集団における規範，斉一性や同調性の影響を看過することはできないだろう。これらに従わない集団の成員は「みんなより遅い」，「みんなと違うことをする」，「不潔だ」，「その気になっている」と嘲笑または無視され，いじめの対象となる。むろん教育現場に限らず，集団にはこのような集団の力動性があり，また同時にいじめの原因も存在することになる。

どのような集団にも守るべきルールがあり，それを遵守すること，さらには集団における適切な行動が求められている。「加害者」にはそれらを遂行する責任について指導をすることが望まれる。彼らへの叱責や処分等が主たるものになることは避けたい。加害者となった子どものみが責任をとるべき対象者という考えも浅慮である。周囲の子どもたちや教師，職員という学校内の人々に加え，学校外の関係機関や保護者などもそのいじめの責任を省察

し検証することが重要である。一方で，加害者の精神的ストレスをいじめの原因とする考え方もある。国立教育政策研究所（2012）によると「友人ストレッサー」，「競争的価値観」，「不機嫌怒りストレス」の3つの要因が高まると，加害行動が起こるリスクが増大する。これらの要因の改善にむけた教育相談的支援も必要となるであろう。

（2）被害者

上述のように，クラスの成員と違うこと（異質性）がいじめを受ける原因になる。優れた性質をもった者でも異質性が高まればいじめを受けることもある。特に同調性を求める集団では，この傾向が出てくる。あるいは，児童生徒間の力関係のバランスが何らかの契機で崩れると，被害者にさしたる原因が認めにくい場合もいじめは起こりうる。また，スクールカーストと呼ばれるグループの階層構造において，上位の層にある者が力を誇示するために下層の者に行うこともある。

被害者はどうすればよいのだろうか。異質性を持った人として自己責任を課せばよいのであろうか。集団規範に係る場合であれば，コンプライアンス（法令遵守）教育も必要であろうし，仲間意識を育成させる教育方法（構成的グループエンカウンターなど）を積極的に取り入れることも期待される。自らのつらい状況を，耐え続けたり，また自死のような最も痛ましい形で終わらせたりするのではなく，困難な状況でも他者に救いの声を上げられる力をもてるようにアサーティブトレーニングや，援助要請のスキルを育成するといった教育的支援や予防的・開発的生徒指導が望まれる。

（3）観衆

「観衆」は，いじめ行為を「はやしたてる人」である。直接的に手を出したりはしないが，いじめをする人やその行為を暗に是認している。その意味でいじめの加害者側に立つ人たちである。いじめる人のいわば応援団やサポーターのような人たちである。「加害者」は「観衆」によっていじめを正当化したり増強させたりする動機が強まることになる。

いじめの首謀者であるけれども表立った行為はせず，直接的な加害行動は他者に任せるフィクサー（黒幕）が「観衆」の中にいるという影の存在への

認識にも留意すべきである。このように，いじめの加害者を同定するには注意深い洞察が期待される。「観衆」は加害者であるとの認識は，彼らには特に理解させることが望まれる。いじめられている子の被害性への認識が希薄である場合は，いじめ行為の責任を自覚させる必要がある。

（4）傍観者

傍観者は，いじめに直接加担することなくいじめに無関心，あるいは無関心を装う人である。自分勝手な行動はせず，学級活動に協力的で成績も比較的良く大学進学などにも積極的な者であるとする研究もあり，同調志向が高いためこれらの傾向が見られると解釈されている。いじめに関して「何もしていない」人である。傍観者は加害者にも支援者にもなりうる。まず，何もしていないことがいじめを暗黙裡に容認・支持することとなる。支援しないという意味で「加害者」でもあると考えられる。しかしこの層の人は，支援行動をとろうとはしない。コミットしないことで評価を受ける不安（評価不安）も軽減され，自尊感情も保持できるためである。

一方，傍観者は将来，支援者になる可能性をもっている存在である。しかし彼らが変わらなければ，上述の四層構造は固定化し続けかねない。傍観者や観衆も被害者にもなりかねないという構造の流動性がみられる。被害者になることを恐れ，保身のためにとる同調行動は，個人的問題としていじめを捉えていると解釈できる。むしろ，いじめは学級という集団的問題であり，よりよい集団に変えていくための支援者となることを促す教育が求められる。

参考文献・URL

国立教育政策研究所 (2012)「生徒指導リーフ　Leaf.8　いじめの未然防止Ⅰ」
　　https://www.nier.go.jp/shido/leaf/leaf08.pdf（2020年12月9日閲覧）.
森田洋司 (2010)『いじめとは何か』中央公論新社.

（有馬比呂志）

Q 28　いじめの早期発見のためには，どのようなことが必要か，3点に分けて述べなさい

1. いじめの発見

　いじめの発見は難しい。なぜなら，いじめ行為は見えにくく第三者の目に触れない場所で生起することが少なくないからである。2006（平成18）年度に，いじめを発見した指標が「発生件数」から「認知件数」へ変更された。いじめを発見することが難しいにもかかわらず，「発生件数」を用いると，その数が実際に起こっていた真のいじめの数と捉えられるおそれがあったためである。ただし，「認知件数」を用いるようになった後にも，いじめによる自殺が大きく報道された翌年は急増するなど，その信頼性は必ずしも高くないと言える。数を減らすことではなく，どれだけいじめが解消したかに重きを置きたい。

　いじめは（発生しているが），認知されていない場合があるとの認識をもつことが，いじめ発見に向けた基本的な態度である。なぜなら，国立教育政策研究所の調査からもわかるように，多数の子どもたちが被害者あるいは加害者の経験をしているからである。

2. いじめの早期発見に必要なこと

　早期発見のためには，次の3点に留意して対応することが必要である。
①日ごろからの基本的態度と観察。
②アンケートなどの生活調査やいじめに関する調査を定期的に行うこと。
③教育面談などの個人を対象とするよりていねいな聴き取り。
　1つめの基本的態度とは，いじめを認知してから指導を開始するのではなく，問題が生起していない段階で予防的あるいは積極的に生徒指導をすることである。そのためには，学級内外においてきめ細かな児童生徒の観察を心がける必要がある。ささいな変化を見落とさないためにも重要な視点である。

2つめは，調査の実施である。留意点は，その目的と実施時期である。困っていることの有無やいじめの有無だけを調べることのみになってはいけない。どう対応に生かせるか，結果をどう分析するかが重要な視点である。また，潜在するいじめの発見のため，学期ごとなど定期的に行うのが望ましい。

　3つめの面談は，アンケートのフォローでもある。定期的な面談に加えて，いわゆる「気になる子」を感知した場合は，より早急に面談を行い，校内の支援チームと情報を共有し関係者と協議することが望ましい。

3. いじめの早期発見に向けて

（1）基本的態度と観察

　いじめの早期発見においては，いじめの特性を理解した注意深い観察力が必要である。例えば，教師の前であからさまに暴力をふるうようなものは，ほとんど見当たらないであろう。多く場合，教師の目には入りようもないと考えられる場所や機会にいじめは発生しがちである。ネットや学校外であれば匿名性が保たれ，いじめの事実が隠匿できると子どもたちが考えるためであろう。このようにいじめが潜在的に遂行される特性を踏まえて，子どもたちの学校内外の日常的行動を観察することが求められている。登下校時，授業中や休憩中，放課後，長期休暇中などの子どもたちの姿に目を向け，「元気がない」，「急に成績が下がる」，「遅刻や欠席が増える」，「1人でいることが多くなる」，「保健室によく行く」，「みんなと違う時間に登下校する」，「挨拶をしなくなる」などの行動とそれまでの行動とのささいな違いを観察することが望まれる。

　また，日ごろから，子どもたちとコミュニケーションのしやすい環境作りに努めたい。ロングホームルームなどにおいて，生徒同士でほめ合う機会を創出したり，学級通信などでも積極的にクラスの一人ひとりの良いところを発信するなど，互いに肯定的理解をもてるような学級づくりが期待される。また，保護者との人間関係も重要である。家庭における子どもの情報を保護者と共有する関係であれば，いじめ発見の認知力が高められるからである。

（2）アンケート

　アンケートの実施にあたり，担当のクラスにいじめ（あるいはその前兆となる行為）が潜在しているかもしれないという認識をもつことが重要である。アンケートに否定的な意見もあるが，その多くは児童生徒が事実をアンケートに事実を明記しないという理由であろう。被害者がアンケートに書いている姿を加害者に見られた場合，さらにいじめを受けることを恐れ書き渋ると予測されるためである。また，アンケート自体がいじめを増長するきっかけになりうるという認識も必要である。しかしながら，より精緻な方法で実施することにより，潜在するいじめの認知が可能になり，いじめの抑制効果や防止効果が期待される。記名式のアンケートによって被害者や加害者を特定することに注力するよりも無記名のアンケートでいじめの存在に気づくことがより重要である。さらに，教師や学校のいじめの防止・対応に対する姿勢を子どもたちや保護者に向けて表明できるというアンケートの肯定的な側面を心に留めておきたい。

　アンケートは，児童生徒からの訴えがあった場合やいじめの兆候を認知した場合にのみ行うのではなく，定期的に行うことが望ましい。なぜなら，いじめはいつ誰にでも起こりうるからである。実際，上述のように国立教育政策研究所の調査では，9割の生徒が被害者・加害者経験を有している。したがって，単発的なアンケートでは，その後に発生したいじめや，そのアンケートで回答を拒んだ児童生徒は見落とされてしまう。もちろん，兆候の発見時に，児童生徒全員にアンケートを行うことは，対応策を協議するための情報を得るためにも必要である。全員へのアンケートでは，被害者の二次的被害を回避するため，回答の仕方や提出方法に関する配慮をすることも心掛けたい。選択肢を設けて心理的負担を軽減したり，自由記述においては内容にこだわらず必ず書くように求めたり，提出時に回答が他者から見えないようにフェイスシートをつけ折りたたむ形態にするなど工夫をすることが望ましい。

　アンケートはいじめの早期発見に資するとともに，傍観者の意識に変化をもたらし，傍観者がやがて支援者になる契機を提供することが期待される。

（3）面談

　アンケートはやりっぱなしになってはいけない。いじめ防止対策をしていることのアリバイ作りになってもいけない。そのような認識が教師間に広がらないためにも，アンケート結果をしっかりとフィードバックすることが重要である。過去には，子どもがいじめを紙面で訴え，そこに希死念慮や自死への願望が推認される文が書かれていたにもかかわらず，担任の教師が看過し最悪の事態を招いてしまった事例もある。児童生徒が，さらなるいじめを被るきっかけになることを危惧しながら報告していることを考えれば，よほどの覚悟と勇気をともなっている。アンケートの回答内容を吟味し，文の行間にも思いを馳せながら慎重に分析したい。そのうえで，教師自らの疑問を確認するためにアンケートのフォローをすることを心掛けたいものである。全員面談という手段もあるだろう。もちろん，時間的配分はいわゆる「気になる」児童生徒にその多くを割くことが必要であるが，全員に面談することで学校のいじめを許さない姿勢を伝え，一人ひとりの児童生徒に対する援助を保障することにつながるのである。

（4）情報の共有

　上の３つの対応に加え，児童生徒のささいな変化を認識した際に，情報をできるだけ早く共有する。日時や場所等を記入したメモを残し，関係者に共有するシステムを構築しておく。いじめアンケートの結果を早期にまとめデジタル掲示板にアップするなども効果的である。相談機能をもったスマートフォン用アプリも開発されており，学校や教育委員会の担当者と文字でのやり取りが可能である。いじめ被害者からの通知が瞬時に関係者に届き，スマートフォンでの対応ができるため，詳細な情報を伴ったいじめの早期発見に有効である。アンケートやアプリによって，本格的ないじめに移行する前段階において，より正確で詳しい情報を収集し共有する手段を準備し，活用できるようにしておくことが求められる。

参考文献・URL

国立教育政策研究所（2012）「生徒指導リーフ　Leaf.4　いじめアンケート」

https://www.nier.go.jp/shido/leaf/leaf04.pdf（2020年12月9日閲覧）.
国立教育政策研究所（2013）「生徒指導リーフ　Leaf.11　いじめの『認知件数』」https://www.nier.go.jp/shido/leaf/leaf11.pdf（2020年12月9日閲覧）.

（有馬比呂志）

「いじめの重大事態の調査に関するガイドライン」の被害児童生徒・保護者等に対する調査方針の説明等で示されている説明事項6つを説明しなさい

1. いじめの重大事態調査に関するガイドラインとは

2013（平成25）年9月28日にいじめ防止対策推進法が施行され，第28条第1項においていじめの「重大事態」に係る調査について規定された。しかし，その後も児童生徒の自殺や不登校を含む，いじめの重大事態が起きていることを鑑み，2017（平成29）年3月に，いじめ防止対策推進法やいじめ防止基本方針に基づく対応を徹底して行うための重大事態への対応ガイドラインが定められた。いじめ防止対策推進法の第28条第1項でのいじめの重大事態の定義は「いじめにより当該学校に在籍する児童等の生命，心身又は財産に重大な被害が生じた疑いがあると認める」事態であり，また「いじめにより当該学校に在籍する児童等が相当の期間学校を欠席することを余儀なくされている疑いがあると認める」事態である。いじめの事実関係が確定した段階で重大事態としての対応を開始するのではなく，「疑い」が生じた段階で調査を開始しなければならないことが強調されている。

2. 6つの説明事項

いじめの重大事態調査を実施する前には，被害児童生徒・保護者に対して，以下の6つの事項について説明する必要がある。以下では，「いじめの重大事態の調査に関するガイドライン」に基づいて，6つの説明事項を解説する。

また同様に，加害児童生徒・保護者に対しても説明を行い，その際，調査に関する意見を適切に聴き取ることが必要である。

①調査の目的・目標

調査の目的を説明する。主な目的は，学校側が事実に向き合い，重大事態の全容を解明することである。また，その事態への対処や同様の事態の発生

防止へつなげることも大切な目的となる。民事・刑事上の責任追及やその他の争訟等への対応を直接の目的とするものではないことに注意したい。

②調査主体（組織の構成，人選）

　調査組織の構成を説明する。人選は，公平性・中立性を担保するために職能団体からの推薦を受けて選出していることを説明する。また，説明の中で，被害児童生徒・保護者から構成員について要望があった場合は，必要と認められるならば，学校側は調整を行う。

③調査時期・期間（スケジュール，定期報告）

　調査を開始する時期や調査結果が出るまでにどれくらいの期間がかかるか，おおよそのスケジュールを示す。その際に，調査の進捗状況を定期的に報告するタイミングも併せて説明する。

④調査事項（いじめの事実関係，学校の設置者及び学校の対応等）・調査対象（聴き取り等をする児童生徒・教職員の範囲）

　調査を実施する前に，調査事項と調査対象を説明する。調査事項には，いじめの事実関係や学校の設置者及び学校の対応等が含まれる。また調査対象には，聴き取り等をする児童生徒や教職員の範囲を示す。このとき，被害児童生徒・保護者が調査を求める事項を詳しく聴き取ることも大切である。

⑤調査方法（アンケート調査の様式，聴き取りの方法，手順）

　使用するアンケートや聴き取りの方法，その手順の説明を行う。説明の際，被害児童生徒・保護者から調査方法について要望があった場合は，可能な限り調査の方法に取り入れることが望ましい。

⑥調査結果の提供（被害者側，加害者側に対する提供等）

　調査結果の提供について，どのような内容を提供するかを前もって共有する必要がある。説明する内容を以下の3つにまとめる。第1に，個別の情報の提供については，各地方公共団体の個人情報保護条例等に従って行う。第2にアンケート調査票の原本の扱いに関し，個人が識別できる情報（例えば，筆跡）を保護するための配慮方法（例えば，筆跡がわからないようタイピングする）について説明する。または一定の条件の下で調査票の原本を情報提供する方法をとることを伝える。第3に調査票などの文書の保存は，学

校側の文書管理規則に基づいて行うことを説明する。併せて文書の保存期間を伝える。

　最後に，加害児童生徒・保護者に対しても，被害児童生徒・保護者の同意を得たうえで，可能な限り，調査結果の説明を行う。

３．補足：被害児童生徒・保護者が詳細な調査や事案の公表を望まない場合

　①調査の目的・目標のところでも述べたが，重大事態の調査の目的は，学校側が事実に向き合い，重大事態の全容を解明し，同様の事態の発生防止へつなげることである。そのため，被害児童生徒・保護者が調査や事案の公表を望まない場合であっても，学校側の対応を振り返ることは必要であり，それが再発防止へとつながっていく。被害児童生徒・保護者が望まないことを理由に，学校側の対応を振り返ることをおろそかにしてはいけないことに注意したい。重大事態の調査は，被害児童生徒・保護者からの希望があれば，調査の実施自体や調査結果を外部に対して明らかにしないまま行うことも可能である。学校側は，被害児童生徒・保護者の思いをきちんと把握し，調査方法を工夫しながら調査を進めることが求められる。

参考文献・URL

文部科学省（2017）「いじめの重大事態の調査に関するガイドライン」https://www.mext.go.jp/component/a_menu/education/detail/__icsFiles/afieldfile/2019/06/26/1400030_009.pdf（2020年2月26日閲覧）.

（福屋いずみ）

Q 30　グループ間のいじめ問題に影響を与えるスクールカーストについて説明しなさい

1．スクールカーストとは

　多くの児童生徒は授業時間や休み時間を含めクラスメイトとかかわる。児童生徒は仲良くなった相手と「(仲良し)グループ」といわれるインフォーマル・グループを形成する。スクールカーストとは，このグループ間における力関係の差であり「児童生徒個人が所属するグループ間の力関係の序列」である。

2．スクールカーストといじめの関係

　このスクールカーストは，いじめに影響を与えると言われている。いじめは個人間だけではなくグループ間でも生じることが明らかになっており，近年では，そのグループ間における力関係の序列，すなわち，スクールカーストがいじめの背景要因となることが示唆されている。

　スクールカーストのうち高地位グループに属する児童生徒は，活発な者が多く，クラス内で比較的自由にふるまえる環境にいる。加えて，彼らはグループ間の格差を是認する価値観を有する傾向にあるため，低地位グループの児童生徒に対して理不尽な言葉を浴びせるといった行動や，馬鹿にして嘲笑するといった差別的な態度をとる場合がある。そして，こういったスクールカーストによるいじめ被害の大部分は，殴る，蹴るといったはっきりと目に見える暴力ではなく，悪口など目に見えない形で行われることが多い。これが，高地位グループの児童生徒による低地位グループの児童生徒へのいじめである。

　スクールカーストの地位を決定する要因は，自己主張能力や他者に同調する能力の組み合わせであるとされている。ここでいう同調とは，クラスのノリ(空気)に同調し，場合によっては空気を作っていく力を指す。つまり，

自己主張や同調といったコミュニケーションに関する能力がスクールカース
トの地位と関連している。この能力が高い児童生徒ほど高地位グループに属
し，低い児童生徒ほど低地位グループに属しやすい。

3．スクールカーストによって生じたいじめへの対応

　スクールカーストによるいじめ被害の大部分は，身体的暴力などのはっき
り目に見える形ではなく，悪口など目に見えない形で行われることが多い。
そのため，教師の発見が遅れるといじめを受けた児童生徒の被害が重篤化す
る可能性が高くなる。しかし，教師と接触頻度が高い児童生徒は，無視や仲
間外れによる被害，すなわち，スクールカーストによるいじめを受けにくい
ことがわかっている。また，日ごろから教師と児童生徒との接触頻度が高け
れば，児童生徒がいじめを受けたとしても，教師が異変を察知しやすいため
早期に対処しやすい。したがって，教師は，児童生徒との接触頻度をある程
度保ち，クラス内の動向を把握する必要がある。そして，スクールカースト
の低地位グループに所属する個人との接触頻度を特に上げることで，スクー
ルカーストによるいじめ被害を抑止・軽減できる可能性がある。

参考文献

水野君平・加藤弘通・太田正義（2017）「小学生のスクールカースト，グ
　　　　　ループの所属，教師との接触といじめ被害の関連」『心理科学』
　　　　　38，pp.63-73.

水野君平・太田正義（2017）「中学生のスクールカーストと学校適応の関
　　　　　連」『教育心理学研究』65，pp.501-511.

水野君平・日高茂暢（2019）「『スクールカースト』におけるグループ間の
　　　　　地位と学校適応感の関連の学級間差 —— 2種類の学級風土とグ
　　　　　ループ間の地位におけるヒエラルキーの調整効果に着目した検
　　　　　討」『教育心理学研究』67，pp.1-11.

鈴木翔（2012）『教室内カースト』光文社.

（阿部夏希）

Q 31　不登校児童生徒への支援の視点とはどのようなものか, 説明しなさい

1. 文部科学省が示す不登校支援の視点：2016（平成28）年まで

　文部科学省は1992（平成4）年から2016（平成28）年までに, 不登校支援に関する指針を示す3つの通知を発表してきた。2016（平成28）年の「不登校児童生徒への支援のあり方について（通知）」の「1　不登校児童生徒への支援に対する基本的な考え方」の「(1) 支援の視点」の項では, 「学校に登校するという結果のみを目標にするのではなく, 児童生徒が自らの進路を主体的に捉えて, 社会的に自立することを目指す必要があること。また, 児童生徒によっては, 不登校の時期が休養や自分を見つめ直す等の積極的な意味をもつことがある（以下省略）」と示されている。つまり, 不登校状態を登校できていない不適応状態と捉えるのではなく, 児童生徒が社会的自立を進めている過程と捉えることが不登校支援の重要な視点であり, その視点を踏まえて支援を行う必要がある。

　支援の視点を踏まえた具体的な支援としては, 学外の公的機関（教育支援センター等）や民間機関（フリースクール等）, 家庭でのICT教育などによる支援が示されており, 上記3区分において学校長の判断で指導要録上の出席扱いとすることができる旨が記載されている。したがって, 学校に登校する以外のこれらの選択肢を積極的に活用することで, 不登校児童生徒一人ひとりに適した社会的自立への支援を行うことができる。

2. 不登校支援の視点の変化：2019（令和元）年以降

　上記のように, 2016（平成28）年までの文部科学省の通知が, 全国の不登校支援の指針であった。しかし, 2019（令和元）年10月にこれまでの3つの通知（以下, 旧通知）の廃止と新たな不登校支援に関する通知（以下, 新通知）の発表が行われた。旧通知廃止から新通知発表に至るまでの経緯を

以下に示す。

（1）旧通知の問題点

　新通知と同様に旧通知は，不登校児童生徒への支援の視点として社会的自立を重視したものであったが，現実的な指導要録上の取り扱いに関する記述に問題点があった。旧通知の別記では，「不登校児童生徒が学校外の施設において相談・指導を受けるとき，下記の要件を満たすとともに，当該施設への通所または入所が学校への復帰を前提とし，かつ，不登校児童生徒の自立を助けるうえで有効・適切であると判断される場合に，校長は指導要録上出席扱いとすることができる」と示されている。つまり，学校復帰を前提とした学外機関でなければ，指導要録上出席扱いとならないことが明記されていたのである。このように支援の視点として，社会的自立に重点を置きながらも，旧通知には不登校児童生徒の出欠に関しては，学校復帰前提とも読み取れる記述がなされているという問題点が存在した。

（2）新通知の変更点

　一方で，新通知の別記では，「不登校児童生徒が現在において登校を希望しているか否かにかかわらず，不登校児童生徒が自ら登校を希望した際に，円滑な学校復帰が可能となるよう個別指導等の適切な支援を実施していると評価できる場合，校長は指導要録上出席扱いとすることができる」と記述されている。特筆すべき点は，「現在において登校を希望しているか否かにかかわらず」という記述である。つまり，新通知においては，不登校児童生徒の意向次第では，必ずしも学校に復帰する必要がないことが明記された。

3．まとめ

　文部科学省の通知の変遷を鑑みると，不登校支援の新しい視点が見えてくる。新しい不登校支援の視点は，学校復帰の希望の有無にかかわらず，学校以外の公的機関及び民間の支援機関，ICTを活用した家庭学習など多様な選択肢を提供しつつ，児童生徒の社会的自立を柔軟に支援することが求められる。しかしながら，フリースクールなど民間機関の増加や社会のテレワーク増加に伴うICT教育の浸透など，不登校児童生徒を取り巻く社会情勢は今後

も変化する可能性が考えられる。これらの変化に対応して，不登校支援の法制度や指針も変化することが予想されるため，今後も不登校児童生徒を取り巻く情勢を注視する必要がある。

参考文献・URL

文部科学省（2016）「不登校児童生徒への支援の在り方について（通知）」https://www.mext.go.jp/a_menu/shotou/seitoshidou/1375981.htm（2020年8月10日閲覧）．

文部科学省（2019）「不登校児童生徒への支援の在り方について（通知）」https://www.mext.go.jp/a_menu/shotou/seitoshidou/1422155.htm（2020年8月10日閲覧）．

（則武良英）

Q 32　不登校児童生徒を支援するうえでの基本的な姿勢について説明しなさい

1．不登校児童生徒の支援における基本的姿勢

　基本的な姿勢として，①不登校児童生徒や保護者に接する際の共感的かつ受容的な姿勢，②学内外の他職種・他機関と連携してチームで支援する姿勢の2つの姿勢が重要である。

（1）共感的かつ受容的な姿勢

　2016（平成28）年の文部科学省の「不登校児童生徒への支援の最終報告」では，不登校児童生徒への理解と支援の姿勢について，①不登校は本人の要因にのみ起因せず，環境によってはどの児童生徒にも起こりうる，②多様な要因と背景により結果として不登校状態になっているため，不登校行為自体を問題行動と判断してはいけない，③不登校になった原因や学校復帰のための方法のみを論ずるのではなく，学校・家庭・社会が不登校児童生徒に寄り添い共感的理解と受容的な姿勢を持つ，という3つが示されている。不登校児童生徒の心情として，「登校しなければいけないのに登校できない気持ち」，「登校せずにすんで安心する反面，不安感や焦燥感がつのる気持ち」など，複雑な心情に揺さぶられている場合が多い。支援者にできる支援の第一歩は，不登校児童生徒の考えや行動を否定せず，複雑な心情を受け入れ共感的理解に努めることである。

（2）学内外の他職種・他機関と連携してチームで支援する姿勢

　文部科学省の通知によると，「不登校に対する学校の基本姿勢」として，「校長のリーダーシップの下，教師だけではなく，様々な専門スタッフと連携協力し，組織的な支援体制を整えることが必要であること」が示されている。さらに不登校支援における学校教育の意義・役割として，①支援の目的は学校復帰ではなく社会的自立とし，②不登校になった要因の把握に努め，③学校や家庭，関係機関による情報共有を行い，④組織的・計画的できめ細

やかな支援策を策定するという4つが示されている。学校の外にいる不登校児童生徒に対して、きめ細やかな支援を行うためには、学内外の他職種・他機関と連携しながら支援することが必須であると言える。

2．発展：不登校児童生徒への支援の流れにおける基本姿勢

実際に不登校支援を行う場合の具体的な流れの中で、上の基本姿勢がどのように反映されるかを概説する。

（1）不登校児童生徒の早期支援

同通知によると「予兆を含めた初期段階からの組織的・計画的な支援が必要」である。したがって、児童生徒が複数日欠席した際には、早期から支援チームで話し合う必要がある。その際には、教師だけではなくスクールカウンセラー（以下、SC）及びスクールソーシャルワーカー（以下、SSW）のアセスメント（見立て）が有効である。SCやSSWは心理や医療、福祉に関する知識をもとにアセスメントやコンサルテーションなどを行う。SCやSSWは児童生徒と直接的な関係をもっていないケースも多く、客観的かつ他職種の視点でアセスメントを行うことができる。また、本人や家庭に対しては、最大限の注意を払ったうえで、電話や訪問等の手段で今後も支援をする姿勢を示し、家庭との情報共有を行う。

（2）不登校児童生徒への中期・長期支援

早期対応の後は、必要に応じて下記の適切な支援機関の紹介を行う。不登校児童生徒に対する支援機関として文部科学省は、①教育支援センター（適応指導教室）、②不登校特例校、③フリースクール、④中学校夜間学級、⑤ICTを活用した学習支援の利用を挙げている。この中で最も利用者が多い教育支援センターは、教育委員会が運営している不登校支援の公的機関で、児童生徒の心の居場所や学習支援の機能を担っている。児童生徒に配慮したうえで教育支援センター等の機関を訪問することで、外部機関と協働しながら不登校児童生徒を見守り、情報共有し、支援する体制を構築することができる。

3．まとめ

　不登校支援の基本的姿勢として，共感的かつ受容的な姿勢は学校教員のみ
ならずすべての支援者に求められるものである。そのうえで，教師やコー
ディネーター，SC，SSW，外部機関の支援スタッフ，保護者，必要に応じ
て精神科医等の他職種他機関のスタッフが協働し，全員で不登校児童生徒を
見守り，寄り添うことが重要である。

参考文献・URL

文部科学省（2017）「不登校児童生徒による学校以外の場での学習等に対
　　　する支援の充実〜個々の児童生徒の状況に応じた環境づくり〜」
　　　https://www.mext.go.jp/b_menu/shingi/chousa/shotou/107/houkoku/
　　　1382197.htm（2020年8月10日閲覧）.
文部科学省（2019）「不登校児童生徒への支援の在り方について（通知）」
　　　https://www.mext.go.jp/a_menu/shotou/seitoshidou/1422155.htm（2020
　　　年8月10日閲覧）.
窪田由紀・平石賢二編，森田美弥子・松本真理子・金井篤子監修（2018）『心
　　　の専門家養成講座　第7巻　学校心理臨床実践』ナカニシヤ出版.

（則武良英）

Q 33　不登校の要因にはどのようなものがあるとされているか，説明しなさい

1．不登校の要因

　不登校の要因としては，学校での人間関係や学業不振など学校に係る要因から，家庭環境や家庭内の人間関係など家庭に係る要因，発達的課題や情緒的問題など本人に係る要因，さらには社会的背景まで，複雑で多様な要因があるとされている。近年では，虐待や発達障害との関連やスマホやネット依存など生活環境の変化との関連も指摘されている。きっかけが明確で単一要因で捉えることができるケースもあるが，多くの場合，複数要因が複雑に絡みあい結果的に不登校という現象が生じているため正確な要因の特定は難しい。しかし，より適切な支援を考えるためにも不登校の背景にある要因を理解しようと努めることは重要である。

2．文部科学省の不登校調査における区分

　文部科学省の「児童生徒の問題行動・不登校等生徒指導上の諸課題に関する調査」でも不登校の要因をつかめるよう項目が設定されているが，その調査方法や区分は幾度か改定されている。

　近年の動向をみると，2018（平成30）年度までは，「本人に係る状況」のうち「『学校における人間関係』に課題を抱えている」，「『遊び・非行』の傾向がある」，「『無気力』の傾向がある」，「『不安』の傾向がある」，「その他」の中から主たるものを 1 つ選択して分類したうえで学校や家庭に係る状況の区分を選択する様式であったが，2019（令和元）年度調査では「学校に係る状況」「家庭に係る状況」「本人に係る状況」の全区分の中から主たるものを 1 つ選択し，それ以外に当てはまるものがある場合にはその状況を 1 人につき 2 つまで選択する様式に変更された。「本人に係る状況」は，前述の 5 つに区分されていたものが「無気力・不安」と「生活リズムの乱れ・あそび・非

行」の2つに整理統合された。一方,「学校に係る状況」としては,「いじめ」「いじめを除く友人関係をめぐる問題」「教職員との関係をめぐる問題」「学業の不振」「進路に係る不安」「クラブ活動,部活動等への不適応」「学校のきまり等をめぐる問題」「入学・転編入学・進級時の不適応」の項目が挙げられている。「家庭に係る状況」は「家庭の生活環境の急激な変化」「親子の関わり方」「家庭内の不和」となっている。

　2019(令和元)年度の結果では,不登校の要因の主たるものは「無気力・不安」が約4割を占め最も多く,次いで「いじめを除く友人関係をめぐる問題」「親子の関わり方」の順に多い。ただし,この文部科学省の区分にもとづき理解する際には,分類の判断は学校関係者(教師)によるものであり,判断自体が難しいケースも多いことを念頭に置いておく必要がある。

3. 不登校の要因をめぐるさまざまな観点

　不登校の要因についての議論をひもとくと,歴史的に様々な立場からの見解が主張され,意見が対立してきた経緯がある。本人自身の病理によるものとする説,親子関係に問題があるとする説,あるいは学校そのものに病理があるとする説などである。現在,不登校の要因は一律に捉えられず多様化・複雑化していることが指摘されており,本人自身もなぜ学校に行けない(行かない)のかがわからないこともある。様々な背景要因があり得ることを理解したうえで,一つひとつの事例に対し本人が置かれた状況をていねいに把握し,それぞれの要因の関連性を見定めつつ理解することが求められる。

(1) 学校に関わる要因

　学校での対人関係上の問題は学校での居場所を奪い,児童生徒の登校への感情を大きく左右する。在籍学級での友人関係はもちろんのこと,部活やクラブ活動での同級生や先輩・後輩との人間関係,そして教師との関係性などが不登校の背景となりうる。表面上は仲が良さそうに見えていたグループ内で実はいじめが起きていたといった事例も少なくない。SNSなどインターネットを介したコミュニケーションが増えてきた近年では,いじめや友人関係のトラブルが潜在化しやすく大人が気づかないうちに深刻な状況に発展し

ていることもあるので留意が必要である。

　学習上の問題も不登校の要因の1つである。中高生になるとこれが受験の
プレッシャーや進路への不安にもつながる。授業がわからない，勉強につい
ていけないといった学業不振にも様々な背景が考えられるが，学習障害など
の発達障害の可能性も見過ごさないようにしなくてはならない。こうした背
景をもつ児童生徒たちは画一的な授業や成績を重んじるような環境の中では
うまく適応することが難しく，結果的に不登校になることがあるためであ
る。また，学校行事や集団活動そのものが本人のもつ特性と合わないため，
これらの活動をきっかけとして学校を嫌がるようになるケースもある。

　その他，入学時や転編入学・進級時などには物理的環境も人間関係も大き
く変化するため，学校での不適応が生じやすい。

（2）家庭に関わる要因

　様々な理由で家庭が機能不全に陥っていることが不登校の一因となってい
ることがある。虐待の結果としての不登校以外にも，例えば深刻な経済的問
題を抱えている，家族成員のいずれかが重大な心身の疾患や障害を抱えてい
る，親の離婚や失職により家庭環境が急変したといったような状況下では，
本来子どもの世話をていねいに行うべき大人側に余裕がなくなる。食事，入
浴，睡眠といった基本的な子どもの生活のケア，情緒的な関わりや心理的サ
ポートが充分にできないことが子どもの生活リズムの乱れや不安・無気力，
あるいは非行を引き起こす一因となり不登校状態に至るケースもある。

　一方で，少子化の時代においては，保護者の子どもへの関心や期待は高く
なりがちである。保護者が教育熱心なあまりかえって子どもが自己肯定感を
抱けず，不安やプレッシャーから身動きが取れなくなり不登校につながるこ
ともある。このような場合，保護者は不登校の子どもを目前にして戸惑い，
悩み苦しんでいることが多い。

　いずれにせよ今日の家庭環境は多様化しており，保護者の生活や考え方も
家庭それぞれで異なっている。どのような家庭であっても子どもが不登校に
なる可能性が存在していると捉え，家庭に全責任を押しつけることなく，協
力者あるいは支援を求めている家庭としてみなすことが必要である。

（3）本人に関わる要因

　子どもが母親などの愛着対象である大人から離れられず登校を嫌がり，朝泣いてしがみつくといった状況は小学校低学年などでは比較的よく見られる光景である。子どもの「分離不安」の背景には保護者側の子どもに対する分離不安や子どもの気持ちに対する共感性の低さなどが存在することもある。また，これまで勉強や学級活動などに積極的に参加し頑張っていたのに体調不良などを訴え学校を休みはじめる児童生徒もいる。こうした児童生徒の中には周りの大人の期待に過剰にこたえ評価されようとする「過剰適応」傾向が見いだされることがある。表面的には適応的で教師にも高く評価されていることも多いが，本人の内面では強い不安がある。さらに，発達障害など本人のもつ特性が学校の集団生活と折り合わない場合に，二次障害として不登校状態に陥ることがある。

　このように本人自身のもつ特性や不安，感受性の高さなどが不登校の背景に存在していることも確かにあるが，不登校に至るには家庭や学校の状況や人間関係の様相も影響するため総合的に理解することが求められる。

　不登校を発達的な観点から捉える視点も必要である。特に思春期は自立と依存をめぐる葛藤が強まる時期であり，心身ともに揺れ動き深く思い悩む者も多い。このような悩みや葛藤は精神的な成長のために必要であり，場合によっては不登校というかたちを呈して自分自身と向き合い，時間をかけて成熟していくこともある。

参考文献・URL

伊藤美奈子（2009）『不登校 ── その心もようと支援の実際』金子書房.

文部科学省「児童生徒の問題行動・不登校等生徒指導上の諸課題に関する
　　　調査」https://www.mext.go.jp/a_menu/shotou/seitoshidou/1302902.htm
　　　（2020年12月4日閲覧）.

滝川一廣（2012）『学校へ行く意味・休む意味 ── 不登校ってなんだろう？』
　　　日本図書センター.

（網谷綾香）

Q 34　不登校を生じさせないために，どのような活動が考えられるかを述べなさい

1．不登校を生じさせないようにするためには

　学校への不適応として不登校を捉えたとき，児童生徒が不登校になりにくいような学校づくり，つまり「魅力ある学校づくり」が求められる。いじめや暴力行為がなく安全な環境であることはもちろん，児童生徒が活躍の場を与えられ認められる体験を通して学級や学校が「居場所」となるようにすることが重要であり，そのための活動として予防・開発的生徒指導が必要となる。具体的には，構成的グループエンカウンターやソーシャルスキル・トレーニングなど人間関係をはぐくんだりそのスキルを伸ばしたりするための取り組みも有効である。また，誰もがわかりやすい授業を提供することは，学業不振を背景とする不登校を減らすことにつながる。不登校の背景が多様化していることから家庭や地域との連携も不可欠である。早期対応の観点から，児童生徒の小さな変化を見逃さず遅刻や欠席が増え始めるなど心配な兆候があれば初期段階でていねいにかかわり支援する必要がある。

2．「魅力ある学校づくり」のための具体的な活動

（1）安心・安全な学校づくり

　いじめや暴力行為があれば，児童生徒が不安や苦痛を抱き学校に足が向かなくなるのは当然である。いじめや暴力行為に対しては学校全体でその防止に取り組み，発生した場合には毅然とした対応で児童生徒の安全を守る必要がある。教職員による体罰や暴言が許されないのはもちろんのこと，不適切な言動や指導が行われていないかにも留意しなければならない。

（2）「居場所」を感じられる学校・学級づくり

　学校が児童生徒の心の「居場所」になりうるためには，単に安全な環境を提供するだけでなく学校・学級内での良好な人間関係の構築が重要である。

価値観が多様化し様々な情報や物があふれる現代においては，学校での直接的なかかわりのみならずスマートフォンなどを活用したコミュニケーションも加わり，子どもたちの友人関係のあり方にも変化が生じている。常に誰かとつながっていないと不安な一方で，同調圧力に疲弊したりネットいじめを恐れ関係性の維持に過度に気を遣ったりする者もいる。こうした中で表面的ではない「人とのつながり」や「絆」を築いていくことの重要性が指摘されており，お互いの個性を認め合い時にぶつかり合いながらも自己肯定感を保ち続けられるような集団づくりが求められている。

　そのためには，「個」と「集団」のそれぞれを育てるという観点から，あらゆる教育活動の中で様々な予防・開発的生徒指導の取り組みを行うことが必要である。授業など日常の学校生活の中で適切な指導・支援を行うほか，例えば構成的グループエンカウンターやピアサポート活動，ソーシャルスキル教育，ストレスマネジメント教育といった活動を取り入れることも有効である。ただし，単に特別な教育活動を取り入れればよいわけではない。個々の児童生徒と集団の実態を適切に把握したうえでその時々に必要な集団づくりの場を提供することが重要であり，学校以外の場や大人の目が届かないところでも児童生徒たちが主体的に良好な人とのつながりを作っていけるようにすることが最終的な目的となる。

（3）「わかる授業」の提供

　授業がわからない・宿題ができないといった学業上のつまずきが不登校の一因となることもあることから，児童生徒が着実に学習できるよう指導体制を整え，各教員が工夫を凝らした授業を展開することが重要である。児童生徒の学習状況を適切に把握し，個に応じた指導の充実を図ることが求められる。学習障害など配慮が必要な児童生徒の存在も視野にいれ，ユニバーサルデザインの視点を生かしたわかりやすい授業づくりを実践していくことで，意欲的・主体的に学ぶ児童生徒が増えていく。また，小学校から中学校への移行段階など，特に学習内容や学習環境の変化が大きい時期の児童生徒への配慮も重要である。

（4）家庭・地域との連携

　価値観が多様化している現代において，児童生徒の健全な成長を促していくためには学校での教育活動だけでは不充分であり，限界がある。不登校の背景として様々な要因が複雑に絡み合っていることを考えても，保護者や地域住民等との連携・協働体制の構築は重要な取り組みである。例えば，基本的な生活習慣を身に付けることができておらず，朝起きられない・心身の調子を整えられないといったことから学校を休みがちになる児童生徒もいる。保護者との関係や家庭内で抱えている何らかの問題が児童生徒の不登校に関連しているケースもある。地域の生活環境が遊びや非行型の不登校の誘因となってしまっている場合もあるかもしれない。児童生徒が将来の社会的自立を果たすには自身の生活を主体的に整えコントロールする力も必要であるが，その基盤づくりには家庭や地域との連携が不可欠となってくる。何らかの事情で家庭が機能不全となっている場合，家庭そのものを対象とした福祉的支援が不登校を未然に防ぐこともあるだろう。また，児童生徒の学校での姿と家庭や地域で見せる姿が異なることも多くあり，児童生徒の変化や抱えている問題に気づくためにも家庭・地域との情報共有は重要である。

（5）早期の支援の重要性

　児童生徒の友達関係が変わり孤立しがちになった，忘れ物が増えた，提出物や宿題が遅れがちになった，遅刻が増えたといったような変化は，不登校の兆候としてよく見られるものである。日ごろから児童生徒の様子をしっかりと把握し小さな変化も見逃さないこと，心配な兆候があれば初期段階でていねいにかかわり支援することで，本格的な不登校状態に至ることを防ぐことができる。欠席が長引くほど児童生徒たちが学校に行くことに対し多大なエネルギーを要するようになることからも早期の気づきと対応が大切である。

3.「不登校未然防止」をめぐる留意点と意義

　教師をはじめとする大人が「不登校を生じさせない」ことを意識するあまり，不登校自体を問題行動としてみなすことがないよう留意する必要がある。文部科学省の不登校児童生徒支援に関する通知にもあるように，「不登

校には休養や自分を見つめ直す等の積極的な意味をもつことがある」ため一概に「不登校をなくすのがよい」とも言い切れない。しかし，学業不振や友人関係上の問題などで悩み苦しんだ結果として不本意ながら学校に行けなくなってしまったり，不登校であるがゆえに様々な学習や経験の機会を失って進路の問題や社会的自立の課題に直面したりする児童生徒の存在を考えたとき，困難を抱える児童生徒をなるべく減らしていくことは重要な教育的課題であると言える。

　また，ここに挙げた不登校を生じさせないための取り組みは，結果的にすべての子どもたちの健全な成長を促すことにつながることに加え，子どもたちをとりまく環境，特に学校や教育のあり方そのものを根本から改善していくことにもつながる重要なものであることを理解しておくべきだろう。

参考文献・URL

国立教育研究政策所（2017）『PDCA×3＝不登校・いじめの未然防止』https://nier.repo.nii.ac.jp/?action=pages_view_main&active_action=repository_view_main_item_detail&item_id=1657&item_no=1&page_id=13&block_id=21（2020年12月4日閲覧）.

国立教育研究政策所生徒指導・進路指導研究センター編（2014）「生徒指導リーフ　Leaf.14　不登校の予防」https://www.nier.go.jp/shido/leaf/leaf14.pdf（2020年12月4日閲覧）.

文部科学省「不登校児童生徒への支援の在り方について（通知）」https://www.mext.go.jp/a_menu/shotou/seitoshidou/1422155.htm（2020年12月4日閲覧）.

西野泰代（2018）「つながりを希求する子どもたち ─ ネットいじめに内在する不安定な関係性」島義弘・西野泰代編『個と関係性の発達心理学』北大路書房，pp.104-119.

（網谷綾香）

第3章

キャリア教育（進路指導）

Q1 戦後日本の学校教育における進路指導（前身の職業指導を含む）の歴史的な変容について説明しなさい

1. 職業指導と進路指導との関係

　戦後の進路指導の展開について整理する前に，用語の確認をしておこう。

　学校教育において用いられる「進路指導」は，1950年代末に「職業指導」からの呼称変更措置によって登場したものである。この変更について，文部省（文部科学省の前身官庁）は，「職業指導という用語が就職希望者の指導援助と解される傾向があり（『進路指導の手引－中学校学級担任編（改訂版）』1983)」，「職業紹介機関の職業斡旋との混同を避けるため（『進路指導の手引－高等学校ホームルーム担任編』1983)」必要であったと説明している。

2. アメリカから移入された職業指導

　「進路指導」の前身としての「職業指導」という用語は，入澤宗壽が，著書『現今の教育』（1915）において初めて用いたものである。入澤は，アメリカ合衆国（以下，アメリカ）でのvocational guidanceを「単に職業の紹介をするというのでは無く」「自分の長所と世間の職業とを知らせて，選択の際に誤りなからしめる準備を与える」教育活動であると紹介し，それを「職業指導と訳して置いた」と述べている（p.179，筆者註：旧漢字は新漢字に変更した）。

　その後，日本における職業指導は，東京府や大阪市などにおいて求職中の青少年を対象とする実践へと発展し，1927（昭和2）年には文部省訓令「児童生徒ノ個性尊重及ビ職業指導ニ関スル件」が発出され，学校教育に導入されることとなった。しかし，昭和初期の日本政府は，国家主義・軍国主義への傾斜を急速に強め，戦時下の日本において「児童生徒の個性尊重」を基本とする職業指導は有名無実とならざるを得なかったのである。

3．戦後における職業指導の再スタート

　戦後の学校教育における職業指導は，はじめて公刊された一連の学習指導要領中の一編，『学習指導要領－職業指導編』（1947）において，当時アメリカで広く受け入れられていた vocational guidance の定義を基に「個人が職業を選択し，その準備をし，就職し，進歩するのを援助する過程である」と定義づけられ，再び学校教育の一環に位置づけられた。

　このような職業指導の実践は，まず，新制中学校において再開されることとなった。戦後の男女平等理念に基づく新教科「職業科」が，職業指導と密接な関連をもつとされたのである。職業科の特質について，『学習指導要領－一般編』（1947）は「小学校で独立の教科だった家庭科は，中学校では職業科の中の1つの科目になって，生徒は農，商，工，水産，家庭のうちの一科目又は数科目をきめて学習することになっている」と示している。ところが，『学習指導要領－職業指導編』においては，この「職業科」と職業指導とを緊密に関連づけることの必要性と意義が強調される一方，そのための具体的な指針の一部に矛盾を含む指摘が混在するなど，学習指導要領としての完成度は十分ではなかった。そのため，当該教科の内容等については，その後複数回に及んで頻繁な変更通達が出されることとなった。

　そして，1956（昭和31）年に公表された『中学校学習指導要領 職業・家庭科編 昭和32年度改訂版』が，それまでの諸通達による改訂の結実とも言える体系を伴う「職業・

表3-1-1　『中学校学習指導要領－職業・家庭科編』（1956）が示す必修項目

郡	分野	必修項目
第1群	栽培 飼育 農産加工	農耕または園芸
第2群	製図 機械 電気 建設	機械製図 整備修理 保守修理
第3群	経営 簿記 計算事務 文書事務	売買 金融 記帳
第4群	漁業 水産製造 増殖	
第5群	食物 被服 住居 家族 家庭経営	食生活 調理 衣生活 住生活
第6群	産業と職業 職業と進路 職業生活	産業とその特色 職業とその特色 学校と職業 個性と職業 能率と安全 職業生活と適応

家庭科」(「職業科」の後継)を提示したのである(表3-1-1)。

　新たな「職業・家庭科」には,中学校3年間で315〜420時間充てるものとされ,その内容は6群・22分野・52項目(うち,5群・12分野・17項目については全員必修)とされた。第4群(水産)を除いた必修の各群(農業,工業,商業,家庭,職業指導)に充てる時間は,それぞれ最低35時間とされ,残った時間については第1〜5群の中から任意の2群を含むことを前提に,全項目から学校の裁量で学習内容が決定されることも示された。そして,全分野・全項目が必修とされた第6群(職業指導)については,卒業後の就職・進学双方を想定しながら,社会生活のうえで必要となる職業に関わる情報を長期的な視点から幅広く提供することがめざされたのである。

4. 高度経済成長政策の影響

　「第6群」は,約10年に及ぶ議論を踏まえて導入されたものである。しかし,その後3年を経ずして全面廃止となった。その経緯は次の通りである。

　1951(昭和26)年に連合国による占領からの独立を回復した日本は,その後,高度経済成長を企図し,いわゆる工業立国・科学技術立国の道を選んだ。「国際間の経済競争は技術競争であり,そして,この技術競争は教育競争となっている」との認識の下で,1960(昭和35)年末に閣議決定された「国民所得倍増計画」が,その後10年間に約17万人の科学技術者不足が見込まれるとしたことはその典型である。このような時代状況の中で,教育課程審議会「小学校・中学校教育課程の改善について(答申)」(1958)は,「技術科を新たに設けて,科学技術に関する指導を強化すること」を明示的に求め,同答申に基づいて1958(昭和33)年に改訂・告示され,法的拘束力をもつこととなった中学校学習指導要領が「技術・家庭科」を新設したのである。

　「技術・家庭科」の導入によって「第6群」を包含した「職業・家庭科」は廃止され,「技術科」を中心とした学習領域が男子対象に,「家庭科」中心の学習領域が女子対象とされた。さらに,学習指導要領の改訂にあわせて「進路指導」へと名称を新たにした旧「職業指導」は,特別教育活動(今日の特別活動)の一環として位置づけられ,「学級活動」がその実践の中心とされた。

　また，1960（昭和35）年の高等学校学習指導要領改訂・告示によって，高等学校における進路指導実践の中心がホームルーム（今日のホームルーム活動）であるとされたことにより，中学校・高等学校共通の実践枠組みとなった。

5．受験競争の激化による理念と実際の乖離

　このような進路指導は，1961（昭和36）年に次のように定義され，この定義は今日に引き継がれている。

> 　進路指導とは，生徒の個人資料，進路情報，啓発的経験および相談を通じて，生徒みずから，将来の進路の選択，計画をし，就職または進学して，さらにその後の生活によりよく適応し，進歩する能力を伸長するように，教師が組織的，継続的に援助する過程である。
>
> 　　　文部省（1961）『進路指導の手引－中学校学級担任編』日本職業指導協会

　その後，1969（昭和44）年の中学校，翌年の高等学校学習指導要領の各改訂によって，それぞれの総則が，進路指導を「学校の教育活動全体を通じて」実践するものと定め，これもまた現在の学習指導要領に継承されている。

　教科教育を含んだすべての教育活動を通した進路指導実践を求めた総則規定は，本来，教師の教科教育観の転換さえ要請するものであったと言えよう。しかし実際には，当時の学校教育において，このような転換はほとんど実現しなかった。高度経済成長期に確立した日本型雇用が，いわゆる学歴（学校歴）偏重の慣行を生み出し，圧倒的多数の生徒・保護者・教員が「よりよい学校へ進学し，よりよい社会的地位を求める」志向性を共有していたからである。文部省は，1976（昭和51）年，1983（昭和58）年，1993（平成5）年の3回にわたり，学歴偏重の社会的風潮の是正と，生徒の能力・適性，進路希望等に基づいた本来的な中学校における進路指導の実現を求める通知を発出したが，当時，それらが実質的な効果を挙げたとは言い難い。受験競争が激化する中で，進路指導の理念と実際の乖離は顕在化する一方であった。

参考文献

藤田晃之（1997）『キャリア教育開発制度研究序説』教育開発研究所.

（藤田晃之）

Q2 1999年にキャリア教育が提唱された背景，提唱直後の推進施策の特質について要点を述べなさい

1．キャリア教育の提唱

（1）キャリア教育が提唱された背景

　日本の教育政策において，「キャリア教育」という用語が初めて登場したのは，1999（平成11）年12月，中央教育審議会答申「初等中等教育と高等教育との接続の改善について（以下，接続答申）」においてである。その「第6章　学校教育と職業生活との接続」の冒頭で，進学も就職もしていない者や就職後3年以内に離職する者の増加など，学校から職業への接続に課題が生じていると指摘された。また，国立教育政策研究所が2002年にまとめた報告書「児童生徒の職業観・勤労観を育む教育の推進について（以下，国研報告書）」では，経済・産業や労働市場をめぐる社会的な変化が，若者の自立や職業生活への移行にかかる課題を顕在化させた可能性が指摘され，このような変化にあっても自立した個人となるための基盤として，職業観・勤労観を育成することの必要性が示された。

　以上のような若年者雇用に関わる課題意識を背景に，「接続答申」において，「望ましい職業観・勤労観及び職業に関する知識や技能を身に付けさせるとともに，自己の個性を理解し，主体的に進路を選択する能力・態度を育てる教育」としてキャリア教育を小学校段階から実施することが提唱されたのである。

（2）若年者雇用政策との結びつき

　草創期のキャリア教育は，上記のような若年者雇用をめぐる諸課題を背景として，関係府省の連携のもと示された2003年の「若者自立・挑戦プラン」以降，立て続けに政策が打ち出された。このような流れの中で，草創期のキャリア教育は，若年者雇用政策の主たる取り組みとして位置づけられたとともに，キャリア教育の核として，5日間の職場体験活動が中学校を中心に推進されることとなった。

　中学校での5日間の職場体験活動は，「キャリア・スタート・ウィーク」として，2005年度から2007年度まで全国的な推進施策が展開された。これによって，中学校における職場体験活動は，実施校および実施日数の増加が見られたものの，この職場体験活動をすることがすなわちキャリア教育であるという誤解を招き，草創期のキャリア教育の課題として残された。

（3）「4領域8能力」の提唱

　一方では，能力論に関連する諸研究も進められており，国研報告書において，進路指導を進めるうえでの指標として「職業観・勤労観を育むための学習プログラムの枠組み（例）」が提示されたことは重要である。この枠組みは，「4領域8能力」と呼ばれるようになり，全国の学校で参照された一方で，各学校の実情を反映せず「例」をそのまま用いるという事態も見られた。こうした事態への反省も踏まえつつ，この枠組みは，「基礎的・汎用的能力」のもととなる能力論のひとつとして，今日にも継承されている。

2．草創期のキャリア教育の特質

　これまで見てきたように，草創期のキャリア教育は，若者の学校から職業への移行をめぐる当時の危機意識を背景として，「キャリア」の中でも「職業」の側面に焦点をあてた政策が進められていた。

　そうした政策的背景から，子ども・若者の職業観・勤労観の醸成が強調されたことや教育活動の核に職場体験活動が位置づけられたことが，草創期のキャリア教育の特質である。その特質が，学校現場のキャリア教育に対する理解を矮小化させてしまったという課題を残した。しかし，小学校段階からの継続的な実施が示されたこと，同時期に能力論にかかる調査研究がなされたことは，この後のキャリア教育の展開にも引き継がれる重要な点である。

参考文献

中央教育審議会（1999）『初等中等教育と高等教育との接続の改善について』.
国立教育政策研究所（2002）『児童生徒の職業観・勤労観を育む教育の推進について』.

（安里ゆかし）

Q3 2011年にキャリア教育が再定義された背景，その後の推進施策の特質について要点を述べなさい

1. 2011（平成23）年中央教育審議会答申におけるキャリア教育の再定義

　2011（平成23）年1月31日に出された中央教育審議会答申「今後の学校におけるキャリア教育・職業教育の在り方について」（以下，「在り方答申」）では，キャリア教育は「一人一人の社会的・職業的自立に向け，必要な基盤となる能力や態度を育てることを通して，キャリア発達を促す教育」として再定義された。このことにより，キャリア教育は社会的・職業的自立のために必要な能力を育成するものに転換した。

（1）「在り方答申」におけるキャリア教育再定義の背景

　「在り方答申」以前のキャリア教育推進施策も，我が国では若者の「社会的・職業的自立」や「学校から社会・職業への円滑な移行」に課題があり，若者の社会的自立・職業的自立や，生涯にわたるキャリア形成を支援するために学校教育が役割を果たす必要があるという認識に立っている。しかし，「在り方答申」以前のキャリア教育では，子ども・若者の職業観・勤労観の醸成が強調されるとともに，具体的な教育活動として，職場体験活動が核として位置づけられ，その結果，社会的・職業的な自立のために必要な能力の育成がやや軽視されたという課題を抱えた。

　「在り方答申」はこのようなキャリア教育を再定義し，「キャリア発達」すなわち，社会の中で自分の役割を果たしながら，自分らしい生き方を実現していく過程を促進することを掲げた。従来のキャリア教育が「職業キャリア」に矮小化されがちであったことに対して，「在り方答申」では「ライフキャリア」も視野に入れることの意義が示された。

　「在り方答申」は，社会的・職業的自立，学校から社会・職業への円滑な移行に必要な力の要素を整理した。すなわち，「基礎的・基本的な知識・技能」，

「基礎的・汎用的能力」,「論理的思考力, 創造力」,「意欲・態度及び価値観」,
「専門的な知識・技能」である。この中で, キャリア教育には「基礎的・汎用
的能力」の育成が期待された（「基礎的・汎用的能力」については, 詳しくは
第3章Q4参照）。

（2）「在り方答申」におけるキャリア教育・職業教育の基本的方向性

「在り方答申」は今後のキャリア教育・職業教育の基本的方向性として次の
3つを示した。第一に幼児期から高等教育に至るまでの体系的なキャリア教
育の推進である。その中心として, 基礎的・汎用的能力を確実に育成すると
ともに, 社会・職業との関連を重視し, 実践的・体験的な活動を充実すること
が示された。第二に, 実践的な職業教育の重視と職業教育の意義の再評価で
ある。ここでは, 学校における職業教育は, 基礎的な知識・技能やそれらを
活用する能力, 仕事に向かう意欲や態度等を育成し, 専門分野と隣接する分
野や関連する分野に応用・発展可能な広がりをもつものであることも示され
た。第三に生涯学習の観点に立ったキャリア形成支援である。その中では,
学校は生涯にわたり社会人・職業人としてのキャリア形成を支援していく機
能の充実を図ることが示された。

さらに, 今後のキャリア教育・職業教育の方向性を考えるうえでの重要な
視点として, ①仕事をすることの意義や, 広い視点から職業の範囲を考えさ
せる指導を行うことと, ②社会的・職業的自立や社会・職業への円滑な移行に
必要な力を明確化することが示された。

2．「在り方答申」以降のキャリア教育推進施策の特質

「在り方答申」以降のキャリア教育は, 社会的・職業的自立を目指して, 変
化の激しい時代を生き抜くための資質・能力を育成する方向にシフトする。
以下, 学習指導要領と教育振興基本計画におけるキャリア教育の方向性を特
に, どのような力の育成を志向してきたのかを整理する。

（1）2008・2009（平成20・21）年の学習指導要領におけるキャリア教育

2008（平成20）年（小・中学校）および2009（平成21）年（高等学校）
の学習指導要領改訂では, 知識基盤社会における「生きる力」とりわけ「確

かな学力」の重要性が強調された。「確かな学力」には，主体的に学習に取り組む態度も含まれ，「学び続ける力」が重視された。しかし，日本の子どもの学習意欲は非常に低いという問題があった。このことを踏まえて，キャリア教育には「学ぶこと」を「働くこと」や「生きること」に結びつけ，学習意欲を向上させることが期待された。

　当時の学習指導要領にも，学習指導等にあたって「自らの将来について考えたりする機会を設ける」（小学校）こと，「自らの生き方を考え主体的に進路を選択できる」（中学校）が示された。高等学校の学習指導要領では「キャリア教育」が明記された。

（2）第2期教育振興基本計画におけるキャリア教育

　2013（平成25）年に閣議決定された第2期教育振興基本計画では，各学校間や学校教育と職業生活との円滑な接続を重視し，生涯の各段階を貫く4つの基本的方向性が設定され，その筆頭に社会を生き抜く力が位置づけられた。

　社会で生き抜く力とは「多様で変化の激しい社会の中で個人の自立と協働を図るための主体的・能動的な力」である。この社会を生き抜く力の養成には4つの成果目標と13の基本施策が盛り込まれた。そのうち「成果目標4：社会的・職業的自立に向けた能力・態度の育成等」の実現に向けた基本方策として「施策13：キャリア教育の充実・職業教育の充実，社会への接続支援，産学官の連携による中核的専門人材，高度職業人の育成の充実・強化」が示された。ここでは，社会的・職業的自立の基盤となる基礎的・汎用的能力を育成することが筆頭に挙げられ，キャリア教育の充実が最重要課題とされている。

（3）新学習指導要領におけるキャリア教育

　2017（平成29）年（小・中学校）及び18（平成30）年（高等学校）の学習指導要領改訂で特筆すべきことは，キャリア教育の充実が，小中高のすべてで総則に位置づけられたことである。総則の中で，「児童（生徒）が，学ぶことと自己の将来とのつながりを見通しながら，社会的・職業的自立に向けて必要な基盤となる資質・能力を身につけていくことができるよう，特別活動を要としつつ各教科（科目）等の特質に応じたキャリア教育の充実を図るこ

と」が示された。基礎的・汎用的能力という文言は見られないものの，社会的・職業的自立に向けて必要な基盤となる資質・能力の育成がキャリア教育の目的として明示された。

　今回の学習指導要領改訂では，育成すべき資質・能力の３つの柱としての１つとして「学びに向かう力，人間性等」が示された。また，キャリア教育の視点からも，「主体的・対話的で深い学び」の実現に向けた授業改善を進めることが求められるとされた。

（4）第３期教育振興基本計画におけるキャリア教育

　2018（平成30）年に閣議決定された第３期教育振興基本計画は，人生100年時代や超スマート社会（Society5.0）の実現など，2030年以降の社会を展望した教育政策の重点事項を踏まえて５つの方針と21の目標を示した。その中の「方針1　夢と志を持ち，可能性に挑戦するために必要となる力を育成する」の「目標5　社会的・職業的自立に向けた能力・態度の育成」にキャリア教育は位置づけられている。その中でも基礎的・汎用的能力の育成を目指して，幼児期から高等教育までの各学校段階を通じた体系的・系統的なキャリア教育の推進が掲げられている。

　また，第３期教育振興基本計画は客観的な根拠を重視した教育政策の推進も掲げ，キャリア教育については，「進路について将来の仕事に関することを意識する高校生の割合」が参考指標として設定されている。

参考文献

吉田武男監修・藤田晃之編著（2018）『MINERVAはじめて学ぶ教職19　キャリア教育』ミネルヴァ書房.

（石嶺ちづる）

Q4 キャリア教育を通して育成すべき「基礎的・汎用的能力」の内容と特質について説明しなさい

1. 内容

　2011（平成23）年の中央教育審議会「今後の学校におけるキャリア教育・職業教育の在り方について（答申）」において示された，社会的・職業的自立，学校から社会・職業への円滑な移行に必要な力の１つであり，キャリア教育での確実な育成が期待される能力である（表3-4-1）。

表3-4-1　基礎的・汎用的能力の４つの能力

<table>
<tr><td rowspan="4">基礎的・汎用的能力</td><td>人間関係形成・社会形成能力</td><td>多様な他者の考えや立場を理解し，相手の意見を聞いて自分の考えを正確に伝えることができるとともに，自分の置かれている状況を受け止め，役割を果たしつつ他者と協力・協働して社会に参画し，今後の社会を積極的に形成することができる力</td></tr>
<tr><td>自己理解・自己管理能力</td><td>自分が「できること」「意義を感じること」「したいこと」について，社会の相互関係を保ちつつ，今後の自分自身の可能性を含めた肯定的な理解に基づき主体的に行動すると同時に，自らの思考や感情を律し，かつ，今後の成長のために進んで学ぼうとする力</td></tr>
<tr><td>問題解決能力</td><td>仕事をする上での様々な課題を発見・分析し，適切な計画を立ててその課題を処理し，解決することができる力</td></tr>
<tr><td>キャリアプランニング能力</td><td>「働くこと」の意義を理解し，自らが果たすべき様々な立場や役割との関連を踏まえて「働くこと」を位置づけ，多様な生き方に関する様々な情報を適切に取捨選択・活用しながら，自ら主体的に判断してキャリアを形成していく力</td></tr>
</table>

2. 開発の背景と特質

　「基礎的・汎用的能力」の基になったのは，2002（平成14）年に開発された「職業的（進路）発達にかかわる諸能力」（いわゆる「４領域８能力」）である。当時「４領域８能力」は圧倒的多数の学校で活用されていたものの，その画一的な運用が大きな課題であった。具体的には，「４領域８能力」の一覧表をそのまま目標に利用するケースが多く見られたのである。この状況は，学校・地域の特色や生徒の実態等を踏まえ柔軟に活用するという当初の前提とはかけ離れたものであった。加えて，全国への広がりとともに内容の

理解が不十分となり，本来目指していた能力との解釈の食い違いも生じ始めていた。他方で，「4領域8能力」自体にも課題が存在しており，キャリア教育が生涯に渡って続くキャリア発達を促すものであるのに対し，キャリア教育が育成する「4領域8能力」は高等学校までの想定にとどまっていた。これらの課題を克服するため，「4領域8能力」について，就職時に重視される能力や類似する能力論（内閣府「人間力」，経済産業省「社会人基礎力」，厚生労働省「就職基礎能力」など）とともに改めて分析を加え，「仕事に就くこと」に焦点をあててまとめたものが「基礎的・汎用的能力」である。

　以上の背景から，その特質としては，包括的な能力概念としての性格を帯び，4つの能力は相互に関連・依存した関係にあるという点が挙げられる。また「4領域8能力」とは異なり，広く仕事をするうえでの様々な課題を発見・分析し，適切な計画を立ててその課題を処理し解決できる力，および忍耐力やストレスマネジメントなど自己管理できる力を重視している点も指摘できる。しかしより重要なのは，それぞれの学校・地域等の実情や各校の児童生徒の実態を踏まえ，学校ごとに育成しようとする力の目標を定めることを前提とする点である。つまり，各学校において，それぞれの課題を踏まえ，4つの能力をどのようなまとまりでどの程度身に付けさせるのかを判断しつつ，具体的な能力を設定し，工夫された教育を通じて達成することが求められているのである。その際，「基礎的・汎用的能力」では4つの能力を全員が均一に身に付けることを求めてはいない点を念頭におき，児童生徒一人ひとりの状況に柔軟に対応することが，キャリア発達を促すために不可欠な視点となる。

参考文献

国立教育政策研究所生徒指導・進路指導研究センター（2013）『キャリア発達にかかわる諸能力の育成に関する調査研究報告書』実業之日本社．

中央教育審議会（2011）『今後の学校におけるキャリア教育・職業教育の在り方について（答申）』．

文部科学省（2011）『中学校キャリア教育の手引き』教育出版．

（峯　啓太朗）

Q5 キャリア教育実践を支える主な基礎理論について，それぞれの特質を挙げながら説明しなさい

1. キャリア教育の実践を支える主要な理論の系譜

人々のキャリア形成への体系的な支援提供のルーツは，19世紀末から20世紀初頭のアメリカ合衆国（以下，アメリカ）での実践にあると言われている。とりわけパーソンズ（F. Parsons）が1909年に公刊した『職業選択法（*Choosing a Vocation*）』において記した彼自身の実践 ── 求職者とその人に適した職業や仕事とのマッチングを図るための実践 ── は，その後，「特性・因子論」と名付けられて理論化され，今日においてもそれを基盤とした様々なアプローチが提唱・実践されるなど，大きな影響力を発揮している。

しかし20世紀の中葉に入ると，特性・因子論に基づいて人と適職とのマッチングを図ろうとする実践に対して，人々の成長・発達・変容が視野に入っていないとする批判が出され，アメリカを中心に「キャリア発達理論」が提唱されるようになる。また，キャリア発達理論の発展を牽引したスーパー（D.E. Super）を中核として，人間のキャリアは「職業人」以外の様々な役割（ライフ・ロール，life roles）によって構成されるとの見方が提唱され，これは「キャリア発達理論」の特質の1つともなって，日本を含む世界の多くの国々におけるキャリア形成支援の基盤とされている。

さらに20世紀後半には，キャリア発達理論では捉えきれない人々のキャリア形成の側面に焦点を当てた多様な理論が提唱され，今日に至っている。ここでは，それらの中から，今後特に重要性を増す「キャリア・パスポート」に関わる諸実践の基盤として「ナラティブ・アプローチ」と「キャリア構築理論」の概要を端的に整理して示すことにする。

2. 特性・因子論

1908年，パーソンズは，ヨーロッパからの移民を中心とした若者たちが

場当たり的な職探しや就業後短期間での離職などを繰り返す実態を改善すべく，ボストンの福祉施設において就職相談と支援の活動を始めた。その実践を基に公刊したのが前掲の『職業選択法』（1909）である。

　パーソンズは，求職者一人ひとりが，①自分自身の適性・能力・興味・将来への夢・限界とこれらの理由について明確に理解していること，②様々な職種における必要資格や成功をおさめるための条件・有利不利・報酬・機会・将来予測についての知識があること，③この2つの事実の関係性についての推論（reasoning）が的確にできることによって，それぞれに適した就職が可能になるとした。そして，このような就業相談や支援のプロセスをvocational guidanceと名付けた。（1915〔大正4〕年に入澤宗壽が「職業指導」という訳語を創出して日本に紹介したアメリカにおける実践は，まさに，パーソンズの著書に触発されてアメリカ東部に普及しつつあった初期の実践である。）

　その後，パーソンズによる実践はウィリアムソン（E.G.Williamson）によって，「特性：その人の適性・能力・興味など」「因子：仕事の内容や諸要件」と構造化され，6ステップを踏む「特性・因子的カウンセリング（trait-factor counseling）」として定式化された。

　なお，パーソンズの実践をルーツとする「特性・因子論」は，今日の諸実践にも影響を与えている。例えば，ホランド（J.L. Holland）は，第二次大戦中の従軍経験を基に実証研究を行い，「個人」と「職業的な環境（特定の仕事や職務の内容，求められる資質等）」の双方を6つのタイプ（「現実的〔Realistic〕」「研究的〔Investigative〕」「芸術的〔Artistic〕」「社会的〔Social〕」「企業的〔Enterprising〕」「慣習的〔Conventional〕」）で捉え，一人ひとりのパーソナリティのタイプと職業環境のタイプとが一致することが，その人にとって適職選択の可能性を高めるという結論を得ている。このようなホランドの理論に基づく検査ツールは，今日，多くの国々で開発・活用されているが，日本では大学生・短大生向けの「VPI職業興味検査（日本版）」などが広く普及している。

3．キャリア発達理論

　パーソンズによる実践からほぼ半世紀を経た1957年，スーパーは大著『職

業生活の心理学（*The Psychology of Careers*）』を公刊し，特性・因子論を典型とする従来の理論が「ある個人とある職業がマッチすれば，その後何等の問題も起こらないという前提に立っている」と批判し，「人間の総体的な発達に伴って進展するキャリアを前提」とすべきであるとした。そのうえでスーパーは，「キャリアとは，狭義には，ある個人の職業生活の過程における一連の職業（occupation），職務（job）および立場（役割，position）を示し，広義には，就職前と退職後に経験する各立場をも含むものである」という自らの捉え方を鮮明に打ち出した。

　その後スーパーは一貫して，キャリアを構成する様々な役割 ― 同時に並行し，かつ，各々が連続して生起する種々の役割 ― についての認識と，それらの役割を果たす多様な場面についての認識の双方を深めさせるための教育的経験を若者たちに与える必要があるとの立場を保持した。そして，1980年には「キャリアとは生涯においてある個人がなす一連の役割，およびそれらの役割の組み合わせである。ここでいう役割とは，子ども，生徒（学生），余暇を楽しむ人（余暇人，leisureite），市民，労働者，配偶者，家庭人，親，年金生活者という，ほとんどの人が経験するであろう立場を含むものである。」と述べ，ある男性の生涯を基に「ライフ・キャリア・レインボウ」と名付けた概念図を提示した（図3-5-1）。

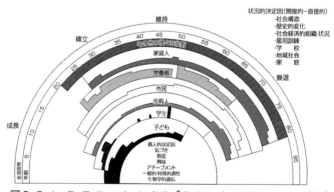

図3-5-1　D. E. スーパーによる「ライフ・キャリア・レインボウ」
（出典：文部省〔1992〕『中学校・高等学校進路指導資料第1分冊』）

190

　今日，日本で広く用いられるキャリア教育の定義を提示した中央教育審議会「今後の学校におけるキャリア教育・職業教育の在り方について（答申）」(2011) は，「人は，他者や社会とのかかわりの中で，職業人，家庭人，地域社会の一員等，様々な役割を担いながら生きている。（中略）このように，人が，生涯の中で様々な役割を果たす過程で，自らの役割の価値や自分と役割との関係を見いだしていく連なりや積み重ねが，『キャリア』の意味するところである」と述べているが，ここには，スーパーが提示したキャリア観との共通性が鮮明に示されている。

4.「キャリア・パスポート」に関する指導をめぐる基礎理論

　現在，日本の学校教育では，「小学校から高等学校までのキャリア教育に関わる諸活動」を中心に「自らの学習状況やキャリア形成を見通したり振り返ったりしながら，自身の変容や成長を自己評価できるよう工夫されたポートフォリオ」としての「キャリア・パスポート」の活用が求められている。

　この「キャリア・パスポート」の価値を理解するうえで，コクラン（L. Cochran）が提示した「ナラティブ・アプローチ」は極めて示唆的である。「ナラティブ・アプローチ」では，人は経験する様々な出来事を時間軸に沿ったストーリー（物語）として捉えており，その物語には，自らの価値観，物事の捉え方，将来展望などが反映されていると見なす。人は，自らの過去を綴るたびに経験を捉え直し，再構成する。支援者はそれを踏まえ，その人にとっての今後が「より良い物語」となるよう適切なアドバイスを提供する存在なのである。

　また，サビカス（M.L. Savickas）はこのような捉え方をさらに進め，人が自分自身の経験を振り返る過程において，他者との相互作用の中で自らのキャリアを創り上げていく存在として見なす「キャリア構築理論」を提唱している。「キャリア・パスポート」を活用した教師の「対話的な関わり」の在り方を考えるうえで，「キャリア構築理論」はその基盤を提供するものと言えよう。

参考文献
日本キャリア教育学会（2020）『新版　キャリア教育概説』東洋館出版社.

（藤田晃之）

Q6 キャリア教育と進路指導及び生徒指導との相互関係について説明しなさい

1. キャリア教育と進路指導

　今日のキャリア教育は,「一人一人の社会的・職業的自立に向け, 必要な基盤となる能力や態度を育てることを通して, キャリア発達を促す教育」と定義され, 進路指導は,「生徒の個人資料, 進路情報, 啓発的経験および相談を通じて, 生徒みずから, 将来の進路の選択, 計画をし, 就職または進学して, さらにその後の生活によりよく適応し, 進歩する能力を伸長するように, 教師が組織的, 継続的に援助する過程」と定義される。両者は, 個人が自らの将来を展望し, その実現に必要となる力の育成を支援するという本質的な特徴を共有している。事実, 先のキャリア教育の定義を示した答申では,「進路指導のねらいは, キャリア教育の目指すところとほぼ同じ」であると指摘されており, 両者は同じ理念を掲げた教育活動であると言える。

　しかしながら, キャリア教育と進路指導が全く互換可能な用語であるというわけではない。その差異については, 両者が対象とする範囲を踏まえて論じることができる。キャリア教育は, 就学前段階から初等中等教育・高等教育を貫き, また学校から社会への移行に困難を抱える若者（若年無業者など）を支援する様々な機関においても実践される。一方進路指導は, 中学校・高等学校（義務教育学校の後期課程, 中等教育学校, 特別支援学校中学部及び高等部を含む）に限定された教育活動である。つまりはキャリア教育の推進を図ることにより, 従来進路指導の名の下に中等教育段階を前提として構想されてきた取組を, 就学前段階から系統的・体系的に取り組んでいくべきものと捉える理解を促し, そうした理解が広く社会に浸透することが目指されたと言える。新学習指導要領総則においても,「キャリア教育の充実を図る」なかで「学校の教育活動全体を通じ, 組織的かつ計画的な進路指導を行うこと」が求められており, すなわち中学校・高等学校での進路指導は, 就学前段階か

らの系統的なキャリア教育の一環として実践されることが重要である。

2．キャリア教育と生徒指導

　生徒指導は，「一人一人の児童生徒の人格を尊重し，個性の伸長を図りながら，社会的資質や行動力を高めることを目指して行われる教育活動」と定義され，その目的を端的には，「児童生徒自ら現在及び将来における自己実現を図っていくための自己指導能力の育成」と表現する。そして，その目的達成へ向けて具体的に取り組まれる生徒指導は次の3つに分類される。すなわち①すべての児童生徒を対象に，個々の個性や能力及び社会性の伸長をねらった開発的指導，②一部の児童生徒を対象に，初期段階での問題解決を図れるよう援助する予防的指導，③深刻な問題行動や悩みを抱える児童生徒を対象に，その解決や改善を支援する課題解決の指導である。このように生徒指導では，すべての児童生徒にとって現在の学校生活が有意義なものとなることと共に，将来の自己実現に必要となる力を育成することが目指される。中学校・高等学校において，進路指導は生徒指導とは異なる分掌として位置づくため，両者は独立して論じられることも多いが，この生徒指導の，とりわけ後者の側面は，キャリア教育や進路指導の理念に通底する内容である。ゆえにキャリア教育は開発的な生徒指導面で大きな役割を果たすと言える。

　また生徒指導は，先の定義を示した文書において，「学校の教育活動全体を通じ，その一層の充実を図っていくことが必要」であるとされ，この点でもキャリア教育との共通性が指摘できる。そのため両者の取組の充実を図る際には，学校や地域，児童生徒の実態に応じた目標設定と指導計画の策定・改善に努め，学校全体でPDCAサイクルに基づきながら，体系的に実践することが重要である。

参考文献
文部科学省（2010）『生徒指導提要』教育図書.

文部科学省（2011）『中学校キャリア教育の手引き』教育出版.

文部省（1961）『進路指導の手引－中学校学級担任編』日本職業指導協会.

（芦沢柚香）

Q7 キャリア教育と「主体的・対話的で深い学び（アクティブ・ラーニング）」との関係について説明しなさい

1.「主体的・対話的で深い学び（アクティブ・ラーニング）」とは

　中央教育審議会2016（平成28）年「幼稚園，小学校，中学校，高等学校及び特別支援学校の学習指導要領等の改善及び必要な方策等について（答申）」は，「アクティブ・ラーニング」と「主体的・対話的で深い学び」をおおよそ同義と位置づけた。そのうえで，後者を，「学ぶことに興味や関心を持ち，自己のキャリア形成の方向性と関連づけながら，見通しを持って粘り強く取り組み，自己の学習活動を振り返って次につなげる『主体的な学び』」，「子供同士の協働，教職員や地域の人との対話，先哲の考え方を手掛かりに考えること等を通じ，自己の考えを広げ深める『対話的な学び』」，「習得・活用・探究という学びの過程の中で，各教科等の特質に応じた『見方・考え方』を働かせながら，知識を相互に関連づけてより深く理解したり，情報を精査して考えを形成したり，問題を見いだして解決策を考えたり，思いや考えを基に創造したりすることに向かう『深い学び』」の3要素に分解して定義づけている。これら3つの視点から教師が授業改善を図り，学校教育の中に質の高い学びを実現することを通して，子どもたちが学習内容を深く理解し，資質・能力を身に付け，生涯を通して能動的に学び続けるようになることが，同答申が目指す「主体的・対話的で深い学び」の実現である。

2.「主体的・対話的で深い学び」とキャリア教育との関係

　同答申を基本方針とした2017・2018（平成29・30）年改訂学習指導要領・総則が示すキャリア教育の目的は，子どもたちが「学ぶことと自己の将来とのつながりを見通しながら，社会的・職業的自立に向けて必要な基盤となる資質・能力を身に付けていくこと」であり，「主体的・対話的で深い学び」の構成要素のうち特に，学びとキャリア形成の方向性との関連づけや学びの振り

返りを重視する「主体的な学び」との関連性が深い。例えば，各教科の中で子どもたちが学習内容と自己の生活や将来との関連性を見いだして学習への興味・関心を高めることができるよう促したり，特別活動においてキャリア・パスポートなどを活用し，子どもたちが自らの学習状況やキャリア形成を見通し，振り返る機会を設けたりするといった，「主体的な学び」の視点からの授業改善がキャリア教育推進の視点からも強く求められるのである。

　加えて，キャリア教育と「対話的な学び」との関係は，同学習指導要領・総則がキャリア教育を「特別活動を要としつつ各教科等の特質に応じて」行うこととし，集団活動における話合いが重視される特別活動を中核に位置づけた点に現れている。同学習指導要領・解説（特別活動編）も示すように，子どもたちが自己のキャリア形成に関する意思決定の過程において，自らの興味・関心の枠を超えてより多角的な視野を身に付け，考えを深めていくためにも，特別活動を中心とした様々な集団活動の場面において行われる，子ども同士の対話や教師との対話が重視されているのである。

　さらに，各教科等の特質に応じたキャリア教育とはすなわち，各教科等に特有の「見方・考え方」を踏まえたキャリア教育と言い換えられる。先の答申において見方・考え方とは，各教科等を学ぶ本質的な意義（各教科等をなぜ学ぶのか，学ぶことでどんな能力が身に付くのか）の中核をなし，教科等と社会とをつなぐ（各教科等の学びが個々のキャリア形成や社会形成にどのように関連するかを見据える）ためのものと説明された。「深い学び」の過程において，子どもたちが各教科等の見方・考え方を働かせることは，子どもたちが学ぶことと自己の将来とのつながりを見通すことを重要視するキャリア教育を推進するうえでも必要不可欠な要素である。

参考文献

中央教育審議会（2016）『幼稚園，小学校，高等学校及び特別支援学校の学習指導要領等の改善及び必要な方策等について（答申）』.

文部科学省（2017）『中学校学習指導要領（平成29年告示）解説総則編』.

文部科学省（2017）『中学校学習指導要領（平成29年告示）解説特別活動編』.

（吉川実希）

Q8 全ての教育活動を通したキャリア教育の実践，特に各教科等の特質に応じた実践の在り方について説明しなさい

1．「全ての教育活動を通したキャリア教育」の意図

現行の学習指導要領は，キャリア教育の課題を次のように指摘している。すなわち，「学校の教育活動全体で行うとされてきた意図が十分に理解されず，指導場面が曖昧にされてしまい，また，狭義の意味での『進路指導』と混同され，『働くこと』の実現や必要な資質・能力の育成につなげていく指導が軽視されているのではないかという指摘もある」ということである。また，2011（平成23）年の中央教育審議会答申は，キャリア教育が職場体験等を通じた価値観の醸成に偏ってきたという「歪み」を指摘している。

キャリア教育は提唱されたときから，学校の教育活動全体を見直す改革の視点であり，各学校の教育課程の見直しを促進するものとして位置づけられてきた。このことは，文部科学省が組織したキャリア教育の推進に関する総合的調査研究協力者会議が2004（平成16）年にまとめた報告書が示したキャリア教育の意義から読み取れる。すなわち，「一人一人のキャリア発達や個としての自立を促す視点から，従来の教育の在り方を幅広く見直し，改革していくための理念と方向性を示すもの」であり，「各領域の関連する諸活動を体系化し，計画的，組織的に実施することができるよう，各学校が教育課程編成の在り方を見直していく」ことが必要になるということである。

また，当該報告書は，1998（平成10）年改訂の学習指導要領にはすでにキャリア教育に関する事項は相当数示されており，今後は各学校において活動相互の関連性や系統性に留意しながら，発達段階に応じた創意工夫ある教育活動を展開していくことが必要とした。このようなキャリア教育の捉え方は今日まで引き継がれており，基礎的・汎用的能力の育成も，学校の教育活動全体を通じて育まれる必要があるとされている。

2．各教科の特質に応じたキャリア教育の実践のポイント

　各教科の学習を通して，自分の進路や将来設計への関心が高まり，主体的に学ぼうとする意欲の向上が期待できる。その際，次のことを子どもたちに伝えることが重要となる。すなわち，各教科で学んでいる内容が活用されている場面，教科を学ぶ面白さ・楽しさ，教科を学ぶことによって培われる能力と態度とそれらの意義である。

　例えば，小学校1年生の生活科の「学校たんけん」で，学校で働く人（用務員・事務職員・給食調理員・栄養士・養護教諭など）にインタビューする活動を通して，身の周りの仕事や環境への関心・意欲の向上が期待できる。中学校の技術科のものづくり体験を通して，工夫・創造の喜びを体験する中で，勤労観や職業観，協調する感度が身に付く。高等学校の国語では文章や図表などを引用して説明や意見を書く学習活動を通して，社会人として生活するうえで必要な言語能力が身に付く。

　一方，基礎的・汎用的能力をすべての学校の教育活動を通して育成する必要があることは，基礎的・汎用的能力のすべての要素をどの教科でも同じように育成することを求めている訳ではないことに留意する必要がある。この教科の学習を通して子どもたちのキャリア発達のどの部分を育てることができるのかを常に問いながら，教科におけるキャリア教育を実践することが重要である。

参考文献

国立教育政策研究所生徒指導研究センター（2008）『キャリア教育体験活動事例集（第一分冊）— 家庭や地域との連携・協力』.

藤田晃之（2014）『キャリア教育基礎論 — 正しい理解と実践のために』実業之日本社.

（石嶺ちづる）

Q9 「特別活動を要としてキャリア教育を実践する」とは，どのような実践を意味しているのか。そのポイントを述べなさい

1. 「要」としての特別活動とは何を指すか

　2017年・2018年に改訂された学習指導要領では，児童生徒が「学ぶことと自己の将来とのつながりを見通しながら，社会的・職業的自立に向けて必要な基盤となる資質・能力を身に付けていくことができるよう，特別活動を要としつつ各教科（・科目）等の特質に応じて，キャリア教育の充実を図ること」（カッコ内は高校の追記）と総則に明記された。ここにある「要」としての特別活動とは，学級活動・ホームルーム活動，その内容の中でも特に「(3) 一人一人のキャリア形成と自己実現」のことを指している。ただし，特別活動では学級活動・ホームルーム活動においてのみキャリア教育が行われるという意味ではない。「各教科等の特質に応じて」とあるように，キャリア教育は教育課程全体を通して行われるものであり，児童会・生徒会活動，学校行事，クラブ活動においても基礎的・汎用的能力の育成が目指される。

2. 「要」である学級活動・ホームルーム活動の役割

　「要」は，「扇の骨を留めるのに用いる釘」を意味する。児童生徒が学校教育全体で行われたキャリア教育に関わる活動・体験（「扇」の部分）を振り返り，自己の成長と課題を明らかにしたうえでこれからの生き方を展望する役割（「要」の部分）が，学級活動・ホームルーム活動に期待されている。とりわけ「(3) 一人一人のキャリア形成と自己実現」では，「学校，家庭及び地域における学習や生活の見通しを立て，学んだことを振り返りながら，新たな学習や生活への意欲につなげたり，将来の生き方を考えたりする活動を行う」こと，およびその際に児童生徒が「活動を記録し蓄積する教材等を活用する」ことが学習指導要領に定められている。

　ここに示された「教材等」とは，具体的には「キャリア・パスポート」（第3章Q10）である。児童生徒が日々の経験を振り返り，気づいたことや考えたことなどを記録として蓄積し，それらを学級活動・ホームルーム活動においてまとめたり，つなぎ合わせたりする。そのことによって，各教科等の学びと特別活動における学びを往還させ，個々の学習が枠を超えて自己のキャリアとして統合されることを目指す。さらに小・中・高等学校と校種を超えて持ち上がることで，児童生徒は長期的なスパンでこれまでに歩んできたキャリアを可視化し，そこから将来を展望できる（京免，2018）。

　活用にあたっては，特別活動および学級活動・ホームルーム活動の特質をふまえ，書いたり蓄積したりする活動に偏重することなく，子ども同士あるいは子どもと教師が記録をもとに話し合うことが重要である。集団思考による多面的・多角的な自己理解を促進し，それに基づいて意思決定（第1章Q13参照）することが望ましい。他者の客観的な視点からのフィードバックは，価値観形成を伴った深い省察の実現に寄与する（京免，2020）。

　最後に，「扇」あってこその「要」であり，特別活動を「要」としながら，キャリア教育全体（「扇」部分）をデザインする必要があることを忘れてはならない。まずは計画段階において，自校で育成したい資質・能力（目標）の視点から，特別活動と各教科等の関係を整理する必要があるだろう。さらに，教師が「キャリア・パスポート」の内容を協働的に見取り，目標の達成状況等をふまえて計画や指導を見直すことで，児童生徒自身が特別活動と各教科等の往還を認識し，学習意欲をもてるようにすることが求められる。

参考文献

京免徹雄（2018）「キャリア教育推進施策の変容と更なる展開」藤田晃之編著『キャリア教育』ミネルヴァ書房，pp.57-69.

京免徹雄（2020）「特別活動とキャリア教育」吉田武男・京免徹雄編著『特別活動』ミネルヴァ書房，pp.91-102.

（京免徹雄）

Q 10 「キャリア・パスポート」とは何かについて説明したうえで，その実践と指導の在り方のポイントを述べなさい

1.「キャリア・パスポート」とは何か

　学習指導要領の総則は「児童（小）／生徒（中・高）が，学ぶことと自己の将来とのつながりを見通しながら，社会的・職業的自立に向けて必要な基盤となる資質・能力を身に付けていくことができるよう，特別活動を要としつつ各教科等の特質に応じて，キャリア教育の充実を図ること。」と定めている。キャリア教育は，学校の教育活動全体を通じて基礎的・汎用的能力の育成を図りつつ，特別活動の学級活動（小・中）及びホームルーム活動（高），特にそれらの「(3) 一人一人のキャリア形成と自己実現」を「要」として実践されるものである。

　また，小学校・中学校・高等学校の学習指導要領はともに，学級活動・ホームルーム活動の「内容の取扱い」において，「((3) の指導に当たっては，)学校，家庭及び地域における学習や生活の見通しを立て，学んだことを振り返りながら，新たな学習や生活への意欲につなげたり，将来の生き方（小・中）／将来の在り方生き方（高）を考えたりする活動を行うこと。その際，児童（小）／生徒（中・高）が活動を記録し蓄積する教材等を活用すること。」と定めている。ここに示された「児童生徒が将来の生き方等を考えたりする活動を記録し蓄積する教材」が「キャリア・パスポート」である。

　この「キャリア・パスポート」については，文部科学省初等中等教育局児童生徒課による2019（平成31）年3月29日付け事務連絡文書「『キャリア・パスポート』の様式例と指導上の留意事項」が示した次の定義を把握しておく必要がある。

> 「キャリア・パスポート」とは，児童生徒が，小学校から高等学校までのキャリア教育に関わる諸活動について，特別活動の学級活動及びホームルーム活動を中心として，各教科等と往還し，自らの学習状況やキャリア形成を見通したり振り返ったりしながら，自身の変容や成長を自己評価できるよう工夫されたポートフォリオのことである。
>
> 　なお，その記述や自己評価の指導にあたっては，教師が対話的に関わり，児童生徒一人一人の目標修正などの改善を支援し，個性を伸ばす指導へとつなげながら，学校，家庭及び地域における学びを自己のキャリア形成に生かそうとする態度を養うよう努めなければならない。

　ここで指摘される「ポートフォリオ」とは，もともと「紙ばさみ」を意味する英単語で「携帯用書類入れ」などとも訳されてきた。私たちが日常的に使う言葉の中では，「バインダー」や「ファイル」に相当するだろう。

　つまり，小学校・中学校・高等学校の各段階において，学校や家庭などでのキャリア教育に関わる学習や体験を通して気づいたことや考えたことなどを記録に残し，学級活動・ホームルーム活動において振り返り，それらをファイリングして小学校から高校まで蓄積していくことにより，発達の段階に応じた系統的なキャリア教育を充実させることが企図されていると言えよう。「キャリア・パスポート」の作成と振り返り，それらに基づく話し合いなどを通して，様々な学びや体験が教科等の枠を超えて自己のキャリア形成につながっていくことを自覚できるようになると同時に，自らがどのように成長してきたかを多面的・多角的に把握し，自己理解を深めることが可能となる。

2．これまで積み重ねられてきた教育実践と「キャリア・パスポート」

　これまで，小学校・中学校・高等学校を問わず，数多くの学校において様々な「振り返りシート」などを活用した教育実践が積み重ねられてきた。年度当初の個人目標の設定，各種の体験活動や学校行事の記録や感想，学期や学年の振り返り，年頭の抱負，将来の夢などについて，創意工夫をこらしたワークシートを準備し，児童生徒が記入した内容に教師がていねいにコメントを書き添える取組は多く見られる。その一部について教室に掲示する実践

も小・中学校を中心として全国的になされてきた。そして，大多数のケースでは，それらのワークシートをファイリングして保存し，1年間の学びの成果・成長の記録として年度末に児童生徒にもち帰らせてきた。しかし，それらの貴重な記録について，学年や校種を越えて引き継ぎ，それらを振り返りながら自らの変容や成長を捉えて自己理解を深めさせる実践にまで発展させてきたケースは少数に留まってきたのである。

　このような実態を踏まえ，この10年ほどの間に，青森県・秋田県・埼玉県・愛知県・滋賀県・兵庫県・広島県など，域内の各学校が共通して使用可能な標準書式による「キャリア・ノート」などを開発・導入し，学年や校種を越えた活用の推進に着手する自治体も見られ始めた。

　「キャリア・パスポート」は，これまでの多様な実践を活かしつつ，それらを全国的な小・中・高一貫の取組へと発展させるための教材である。

3．実践上の主な留意点

　ここでは，上に引用した文部科学省「『キャリア・パスポート』の様式例と指導上の留意事項」（2019年3月）を基に，実践上の主な留意点を整理する。

（1）内容上の留意点

①児童生徒自らが記録し，学期，学年，入学から卒業までの学習を見通し，振り返るとともに，将来への展望を図ることができるものとする。（児童生徒が記録する日常のワークシートや日記，手帳や作文等は，「キャリア・パスポート」を作成するうえでの貴重な基礎資料となるが，それをそのまま蓄積することは不可能かつ効果的ではなく，基礎資料を基に学年もしくは入学から卒業等の中・長期的な振り返りと見通しができる内容とすること。）

②学校生活全体及び家庭，地域における学びを含む内容とする。

③学年，校種を越えて持ち上がることができるものとする。（小学校入学から高等学校卒業までの記録を蓄積する前提の内容とすること。各シートはＡ４判（両面使用可）に統一し，各学年での蓄積は数ページ（5枚以内）とすること。）

④大人（家族や教師，地域住民等）が対話的に関わることができるものとする。

（2）指導上及び管理上の留意点

①キャリア教育は学校教育活動全体で取り組むことを前提に，「キャリア・パスポート」やその基礎資料となるものの記録や蓄積が，学級活動・ホームルーム活動に偏らないように留意する。（学級活動・ホームルーム活動以外の教科・科目や学校行事，帰りの会やショートホームルーム等での記録も十分に考えられる。）

②学級活動・ホームルーム活動で「キャリア・パスポート」を取り扱う場合には，学級活動・ホームルーム活動の目標や内容に即したものとなるようにする。（記録の活動のみに留まることなく，記録を用いて話し合い，意思決定を行うなどの学習過程を重視すること。）

③「キャリア・パスポート」は，学習活動であることを踏まえ，日常の活動記録やワークシートなどの教材と同様に指導上の配慮を行う。

④「キャリア・パスポート」を用いて，大人（家族や教師，地域住民等）が対話的に関わる。（記録を活用してカウンセリングを行うなど，児童生徒理解や一人一人のキャリア形成に努めること。ただし，学級活動・ホームルーム活動の時間の中で個別の面接・面談を実施することは適切でなく，「キャリア・パスポート」を活用した場合においても同様と考えること。）

⑤個人情報を含むことが想定されるため「キャリア・パスポート」の管理は，原則，学校で行うものとする。

⑥学年間の引き継ぎは，原則，教師間で行う。

⑦校種間の引き継ぎは，原則，児童生徒を通じて行う。（ただし，小学校，中学校間においては指導要録の写しなどと同封して送付できる場合は学校間で引き継ぐことも考えられる。）

参考文献・URL

文部科学省「『キャリア・パスポート』例示資料等について」（事務連絡文書「『キャリア・パスポート』の様式例と指導上の留意事項」2019年3月29日を含む）https://www.mext.go.jp/a_menu/shotou/career/detail/1419917.htm（2020年7月23日閲覧）.

（藤田晃之）

Q 11 職場体験活動・インターンシップなど，地域社会や産業界等と連携した実践をするうえでの留意点について説明しなさい

1. 新学習指導要領における「地域」とキャリア教育

平成29・30年改訂学習指導要領においてキャリア教育は，「社会に開かれた教育課程」の理念のもと，キャリア発達を促進させるべく職場体験活動や社会人講話などの機会の確保が不可欠であることが明記され，地域人材と連携して生徒を育てていくことが求められている。連携対象の具体例としては，キャリア教育に関する専門人材のみならず，企業・NPO，経済団体等も挙げられるように，地域社会や産業界との幅広い連携が必要であると言える。

こうした連携を必要とするキャリア教育実践として，特に体験活動に着目すると，中学校での職場体験活動は，公立中学校での実施率が98.6%（平成29年度）に達するなど，その定着がうかがえる。また，高等学校におけるインターンシップに関しては，普通科においても推進が提言されており，全日制の公立高等学校普通科では86.9%（平成29年度）の実施率となっている。

このような体験活動を含むキャリア教育の実施に際しては，それぞれの地域の特性を活かすこともポイントの1つである。そうした観点を踏まえると地域社会や産業界等は単なる「場」の提供という役割に留まらず，地域全体での教育を行うという意識の定着が望まれよう。

2. 地域社会や産業界等と連携したキャリア教育実践の課題と留意点

職場体験活動等の実施に際しては，その受け入れ先の大半が民間事業所であるように，場所や人材といった地域資源の確保が必要となる。しかしながら，受け入れ事業所を十分に確保できていないことや，そうした「場」の確保をめぐる教員の負担増加といった課題が指摘されている。ここで着目すべきは，事業所側は「学校からの支援依頼がない」との認識を有しており，「事

業所を確保できない」という学校側の認識との間に齟齬が生じている点である。例えば，そうした課題の解決策として教育委員会や商工会議所，NPO等が「受け入れ先リスト」を学校側に提供している事例が存在するように，公的機関や関係組織を学校と地域の媒介組織として活用し，教員の負担にも配慮した方策をとることは目指されるべき1つのかたちであると言えよう。

　また，上記のような「受け入れ先リスト」のみならず，さまざまな情報を地域社会・産業界等と共有することはキャリア教育を実施するうえで不可欠であり，学校と地域の連携システムの構築が望まれる。システムを長期的に維持するためには，学校と連携を行う地域社会や産業界（事業所）にとっても有益な実践であることが求められる。地域社会・産業界等と連携したキャリア教育実践の目的は，児童・生徒に対しての効果を第一としたものであるが，そうした実践を通じては実際に地域側もメリットを有し得る。例えば，平成24年に東京商工会議所が実施した調査によれば，事業所は「将来に向けての人材確保対策」のみならず，「家庭，地域，学校との関係構築」や「社内の人材活性化」など多様な効果を実感していることが指摘された。

　このように，学校側が望むキャリア教育実践を実現するためには，学校側・地域側の双方が"よりよい学校教育を通じてよりよい社会を創る"という目標，さらには子どもたちに求められる資質・能力とは何かを共有し，キャリア教育の在り方やその意義についての認識を深めることで，互酬関係に基づいた長期的な連携システムの構築を目指す必要があると言える。

参考文献

国立教育政策研究所生徒指導・進路指導センター（2019）『平成29年度　職場体験・インターンシップ実施状況調査』.

東京商工会議所（2013）「『企業による教育支援活動』に関する調査」.

藤田晃之（2014）『キャリア教育基礎論 — 正しい理解と実践のために』実業之日本社.

文部科学省（2017）『中学校学習指導要領解説　総則編』.

文部科学省（2018）『高等学校学習指導要領解説　総則編』.

（藤田駿介）

Q 12　キャリア・カウンセリングとは何かについて説明したうえで，その実践上の留意点について述べなさい

1．キャリア・カウンセリングとは何か

　キャリア・カウンセリングとは，人が自らのキャリア形成を通じて，よりよく生きることを目的としたカウンセリングである。「キャリアとは，人が生涯の中で様々な役割を果たす過程で，自らの役割の価値や自分と役割との関係を見いだしていく連なりや積み重ね」のことである（文部科学省，2011）。カウンセリングとは，人が成長や適応など積極的な側面を発揮して，発達的によりよく生きることを支援する，主に言語を用いた専門的援助活動である。2017（平成29）年改訂学習指導要領においてカウンセリングがガイダンスとともに児童生徒の発達を支援するという位置づけが明示された。総則「第4　生徒の発達の支援」の「1　生徒の発達を支える指導の充実 (1)」では，「主に集団の場面で必要な指導や援助を行うガイダンスと，個々の生徒の多様な実態を踏まえ，一人一人が抱える課題に個別に対応した指導を行うカウンセリングの双方により，生徒の発達を支援すること。」と示されている。

（1）カウンセリングの定義と発展の経緯

　カウンセリングの定義は多様であるが，ハーとクレイマー（Herr, E.L., & Cramer, S.H.1988）の研究により，次の共通要素が示されている。「カウンセリングは言語を主な手段とする心理学的な援助過程であり，カウンセラーと問題解決の援助を求めるクライエント（相談者）が相互作用し，クライエントが自己理解を深め積極的・建設的なよい意思決定をして行動できるようにカウンセラーが援助する。そして，クライエントが自身の特徴を活かして成長し社会で自分の機能を最高に発揮できる人生を歩むようになることを目的とする」（渡辺，2002）。カウンセリングは，急速な工業化と経済成長に伴い，都市のスラム化や劣悪な就業環境等の社会問題が多発した19世紀末から20世紀初頭の米国で始まった。若者の相談や指導をおこなうガイダンス運動の中で，パー

ソンズ（Parsons, F.）が1908年に職業カウンセリング（vocational counseling）を始めたのが最初である。Vocationは「天職」や「神から与えられた使命，道」という意味をもち，職業カウンセリングは職を得るだけでなく自分を活かして生きる道をみつけるための支援であったと言える。これが後に学校から社会へ移行する若者を指導する教育活動であるガイダンス（職業・進学指導）として学校教育に導入される。さらに，スーパー（Super, D. E.）（1951）「職業指導からカウンセリング心理学への移行」が示すように1950年代からカウンセラーの活動が体系化され，カウンセリング心理学として発展を遂げた。

（2）キャリア・カウンセリングの進め方と基本的態度

キャリア・カウンセリングの代表的な進め方としては，システマティック・アプローチが挙げられる。これは，カウンセラーと相談者の良い人間関係（ラポール）の形成から始まり，カウンセラーが相談者の自己理解や情報収集を促して相互に問題を確認し目標を設定して方策を選択し，相談者が実行した後に成果や変化を相互評価して終了するというプロセスである。そして，このプロセスを非指示的に進めることで，カウンセラーは相談者の主体的な問題解決能力や意思決定能力の発達を支援できる。カウンセリングの基本的態度としては，ロジャーズ（Rogers, C.）が1942年に提唱した来談者中心アプローチが挙げられる。相談者の主体性や成長を促すために，カウンセラーが一方的に指示・助言をしたり問題解決の方策や意思決定の方向性を教示したりせず，積極的傾聴・受容的態度・共感的理解で臨むことである。

2．日本の学校教育におけるキャリア・カウンセリングと実践上の留意点

日本の学校教育におけるキャリア・カウンセリングは，1999（平成11）年に教育行政分野の公的文書で「キャリア教育」が初出し，積極的な推進が図られてきたことにともない，個別対応としての重要性が強調されてきた。

（1）ガイダンスとカウンセリング

2017（平成29）年改訂学習指導要領「第5章　特別活動」の「第3　指導計画の作成と内容の取扱い」では，「学校生活への適応や人間関係の形成，進路の選択などについては主にガイダンスとカウンセリング（教育相談）の双方

の趣旨を踏まえた指導を行うこと」，と示されている。ここでのカウンセリングとは，特別活動の目標が，（1）多様な他者と協働する様々な集団活動の意義や活動を行ううえで必要となることについて理解し，行動の仕方を身に付けるようにする（2）集団や自己の生活，人間関係の課題を見いだし，解決するために話し合い，合意形成を図ったり，意思決定したりすることができるようにする（3）自主的，実践的な集団活動を通して身に付けたことを生かして，集団や社会における生活及び人間関係をよりよく形成するとともに，人間としての生き方についての考えを深め，自己実現を図ろうとする態度を養う，であることから，自分の役割や生き方を見いだしてよりよく生きることを支援するキャリア・カウンセリングを包摂した概念であると考えられる。

（2）実践上の留意点

実践上の留意点としては，誰がおこなうのか，いつどのように実践するか，に関する理解の促進が挙げられる。まず，学校におけるキャリア・カウンセリングをおこなうのはカウンセリングの専門家のみではない。それは，2018（平成30）年改定高等学校学習指導要領特別活動編「第4章　指導計画の作成と内容取扱い」の「第2節　内容の取扱についての配慮事項」の中に「特別活動におけるカウンセリングとは専門家に委ねることや面接や面談を特別活動の中で行うことではなく，教師が日頃行う意図的な対話や言葉掛けのことである。」と記されていることからも明らかである。次に，実践については，学校におけるカウンセリングはスクールカウンセラーによるカウンセリングや進路指導の場面を示すと認識されがちであるが，教師が児童生徒個人に対して行う意図的な対話や言葉掛けなどの指導・援助も含まれる。例えば，国立教育政策研究所生徒指導・進路指導研究センター（2014）「データが示す キャリア教育が促す『学習意欲』」では「上手なコミュニケーションを通して児童生徒の主体性に働きかけることは，キャリア・カウンセリングを活用したキャリア教育です。」（P.16）と記され，例として小学校1年生の教員が「朝顔の水やり」の際に児童のキャリア発達を意識して意図的に働きかけ，児童が目的意識と責任感をもって，主体的に活動に取り組んだ成果を紹介し「特に面談の時間を設けなくても，例えば児童生徒との日常的な対

話の中でも」キャリア・カウンセリングが実践できると説明している。また，効果の一例として，学習意欲の向上が見られる中学・高等学校の8割以上がキャリア・カウンセリングを実施している結果が示されている。同センター(2016)「語る・語らせる・語り合わせるで変える！キャリア教育」では，子供たちの発達を踏まえて教員が働きかける例として，「『あなたはどうしてそう思うのかな？』というように子供たちの思いや考えを引き出すよう，意図して働きかけることが大切です」(p.6) と記され，高等学校で進路選択の相談を受ける際に教員が答えを示すのではなく質問を投げ掛けることで本人が考えるきっかけを与え，意思決定のための情報不足に気づかせて自ら動くよう促す事例 (p.13) が紹介されている。このように，教員は日常的な教育現場においても，児童生徒の発達の援助を意識したキャリア・カウンセリングの実践を心がけることが大切である。課題としては，キャリア・カウンセリングが児童生徒の発達を援助し学習意欲の向上に資する重要な活動であるにもかかわらず，実践が十分でないことである。国立教育政策研究所生徒指導・進路指導研究センターの調査 (2020) によれば，年間指導計画にキャリア・カウンセリングが含まれる割合は，小学校が1.8%，中学校が11.9%，高等学校が22.7%であり，キャリア・カウンセリングの実践に関する研修の実施率は小学校1.8%，中学校6.7%，高等学校4.5%であった。今後は，多様な背景をもつ児童生徒の発達を援助する観点から，実践上の留意点を踏まえて教育現場におけるキャリア・カウンセリングの更なる推進が期待される。

参考文献

平木典子・藤田博康編著 (2019)『カウンセリング心理学』新曜社.

木村周 (2018)『キャリアコンサルティング ― 理論と実際5訂版』一般社団法人雇用問題研究会.

国立教育政策研究所生徒指導・進路指導研究センター (2020)「キャリア教育に関する総合的研究　第一次報告書」, 同 (2021)「同　第二次報告書」.

渡辺三枝子 (2002)『新版キャリアカウンセリング心理学』ナカニシヤ出版.

渡辺三枝子編著 (2017)『キャリアカウンセリング再考 ― 実践に役立つQ＆A [第2版]』ナカニシヤ出版.　　　　　　　　（松尾智晶）

Q 13 キャリア教育の指導計画（全体計画・年間指導計画）策定上のポイントについて述べなさい

　キャリア教育に取り組む際に重要なことのひとつは，指導計画を立てることである。学校の教育活動全体を通じて児童生徒の社会的・職業的自立に向けて必要となる力を育成するためには，どの教育活動でその力を伸ばすかが，児童生徒や教職員，関係者で共通理解できるように明確でなければならない。

　このことから導き出される指導計画策定上のポイントは，次の3点である。

（1）実態をつかむ

　まずはスタート地点についての理解が欠かせない。児童生徒の実態や学校・学科の特色，地域の実情を把握することが重要である。前年度までの児童生徒の変容・成長や学校の取組状況を評価した結果（第3章Q10，Q14も参照のこと。）や，地域や企業・事業所からの意見等を集約し，現状を把握することなしには有効な教育活動は展開しえない。自校の現状について，教職員全体で共通理解を図ることが肝要である。

（2）目標を立てる

　スタート地点に立ったならば，次はゴールを定めたい。目指すべき児童生徒の姿（教育目標）を明確にすることが次に重要となる。キャリア教育が学校と変化する社会との関係性を意識した取組であることから，学校内部からの視点（学校教育目標や児童生徒の実態等）と学校外部からの視点（基礎的・汎用的能力や保護者・地域からの期待等）の双方を加味した目標であることが望まれる。ここで重要なのは，「具体的な目標を設定する」ことである。実際に児童生徒がそうした変容・成長を遂げたかを検証可能なように目標が設定される必要がある。

（3）課題を設定する

　スタートとゴールが定まったあとは，いかにその間を通っていくかである。現状と目標の間には必ず差がある。この差が，児童生徒が達成すべき課

題である。教職員は各教科（・科目）等の相互の関係性や学年間の系統性を考慮してキャリア教育としての活動を配列し，児童生徒が課題を達成すること，すなわち変容・成長を支えなければならない。

　以上の3点のポイントを踏まえ，指導計画は策定される必要がある。なお，策定の際には評価方法や改善策の検討体制等も併せて計画に盛り込み，キャリア教育実施後の評価改善を見通した計画にすることが肝要である。

　最後に，指導計画策定のプロセス全体にかかる留意点を2点示す。国立教育政策研究所生徒指導・進路指導研究センターが実施した全国調査によって，「充実した指導計画がある学校ほど，児童生徒の学習意欲の向上を実感」していることがわかっている。つまり，1点目は，指導計画を立てる際に多くの点に目配りできるかが重要ということである。しかし，同時に，同調査で小学校を詳細に分析した結果，「計画内に重点目標・具体的目標が設定されると，児童の学習意欲の向上につながる」が，「計画そのものに多くの事項を盛り込むことは，必ずしも有効ではない」こともわかっている。すなわち，2点目として，焦点化を図ることを決して忘れてはならない。

参考文献

藤田晃之（2014）『キャリア教育基礎論 — 正しい理解と実践のために』実業之日本社.

国立教育政策研究所生徒指導・進路指導研究センター（2013）『キャリア教育・進路指導に関する総合的実態調査第一次報告書』.

国立教育政策研究所生徒指導研究センター（2011）『小・中・高等学校における基礎的・汎用的能力の育成のために「学校の特色を生かして実践するキャリア教育」』.

世田谷区立尾山台小学校編著（2019）『小学校だからこそ！キャリア教育！』実業之日本社.

（立石慎治）

Q 14 キャリア教育の評価の在り方のポイントについて述べなさい

　キャリア教育の推進・充実を図るうえで評価は極めて重要な活動である。第2期教育振興基本計画（2013 ～ 2017年度）でも指摘されているように，日本における教育課題のひとつに「『どのような成果を目指すのか』『どのような力の修得を目指すのか』といった明確な目標が設定され，その取組の成果について，データに基づく客観的な検証を行い，そこで明らかになった課題等をフィードバックし，新たな取組に反映させる検証改善サイクル（PDCAサイクル）が，教育行政，学校，学習者等の各レベルにおいて，必ずしも十分に機能していなかったこと」がある。この指摘は，第3期教育振興基本計画（2018 ～ 2022年度）にも「客観的な根拠に基づくPDCAサイクルの確立をさらに進めていくことが必要」と引き続き示されている。この指摘は，キャリア教育にも該当する。むしろ，キャリア教育が学校教育を構成していくための理念と方向性を示すものであること，学校の教育活動全体を通じて進めるものであることを考慮すると，キャリア教育でこそ重く受け止めるべき指摘である。

　キャリア教育のPDCAサイクルとは，すなわち，全体計画・年間指導計画に則って実施したキャリア教育の取組が児童生徒の変容・成長を促したかを確認し，また，確認結果に加えてキャリア教育の実施状況も併せて把握し，それらの検証結果を次の取組に反映して改善することである。ここから，評価には次の2つの側面があることを導き出せる。児童生徒の変容・成長を把握するアウトカム評価－「見取り」－と教育活動の実施状況を把握するアウトプット評価－「点検」－である。次の取組を改善していくためにも，実施する評価において二側面が意識されることが望まれる。以下に，国立教育政策研究所生徒指導・進路指導研究センターがまとめた，「見取り」と「点検」のそれぞれで踏まえるべきポイントを示す。

　児童生徒の変容・成長を把握する営みである「見取り」を行ううえで大切

にしたいポイントは次の3つである。

（1）社会的・職業的自立に向けて身に付けさせたい力を明確にする

　長期的な見通しをもったうえで，身に付けさせたい力を具体的に設定することが肝要である。したがって，現在のみならず，将来の観点から必要と考えられる知識，技能や態度を想定しながら身に付けさせたい力を設定し，これを念頭に置きつつ児童生徒の変容・成長がどれだけ起きたかを見取っていくことが必要となる。上級学校への進学や就職といった短期的な目標のみに終始することが決してないように留意しなければならない。

（2）児童生徒の実態を踏まえた評価規準・指標を設定する

　「目指す児童生徒の姿」を具体的に設定する際には，児童生徒の実態を踏まえることが肝要である。キャリア教育として位置づけた各取組を児童生徒が経験していく過程で，どのように変容・成長が現れてくるかを想定できる評価規準・指標を設定する必要がある。たとえ「将来の観点から必要と考えられる，身に付けさせたい力」を設定したとしても，「児童生徒の今」からかけ離れた指標である場合はあまり役立つものにはならないことに注意が求められる（第3章Q13も参照のこと）。

（3）身に付けさせたい力を児童生徒と共有する

　「将来の観点から必要と考えられる，身に付けさせたい力」を設定し，「児童生徒の実態を踏まえた評価規準・指標」を設定したうえで，最後に欠かせないのは，こうした身に付けさせたい力を児童生徒にもわかる言葉で示すことが肝要である。その力が，本人の将来の生き方やその時々の進路決定にどのように結びつくかが児童生徒に伝わる必要がある。これは，各取組後に力が身に付いたか否かについて児童生徒に振り返りを促す点でも重要となる。キャリア・パスポートの実践について充実を図る点からも，身に付けさせたい力を児童生徒と共有することは鍵を握っている（第3章Q10も参照のこと）。

　改善につなげるために全校的なキャリア教育活動の実施状況を把握する営みである「点検」を行ううえで，大切にしたいポイントは次の3つである。

（1）実践を継続的に進められる体制をつくる（組織の視点）

　学級・ホームルームや学年を越えて各教職員が行うキャリア教育の個々の

取組が相互に関連づけられる（＝学校の教育活動がキャリア教育として構成される）ためにも，教職員の共通意識の醸成は欠かせない。そのため，身に付けさせたい力は，児童生徒と共有するのはもちろんのことだが，全教職員とも共有しなければならない。キャリア教育を継続的に実践していくためには，身に付けさせたい力に関する共通意識のもとで，各取組に注ぐ必要がある労力やその取組で期待できる変容・成長の双方を考慮しながら「点検」し，過剰な負担がかかることがない有効な取組へと常に改善していくことが肝要である。

（2）目標，計画，実践の一貫性を確認する（指導計画の視点）

　児童生徒の変容・成長を把握する以前に，目標やその目標を実現するための計画，計画に基づいた実践が一貫していなければ，児童生徒の変容・成長がそのキャリア教育の取組によるものだとはいえないことは明らかである。したがって，指導計画策定時には，身に付けさせたい力と各教科（・科目）等での学習や体験活動等との関連を計画内で具体化する必要がある。目標と各学習活動が関連するように具体化できていれば，設定した目標が達成されたかを検証可能な指導計画となっている。「点検」の際には，「見取り」の結果を前提としつつ，更なる改善の余地が計画の実施段階（Do）にあるのか，そもそもの計画の仕方（Plan）にあるのかを検証することが肝要である。

（3）キャリア教育の充実につながる関係をつくる（連携の視点）

　キャリア教育を実施していくうえでは，学校外の関係者との協力が欠かせない。平成29・30年改訂学習指導要領が「社会に開かれた教育課程」を掲げていることと相まって，ますます地域等との連携のもとでキャリア教育を実践していくことが求められる。そのため，キャリア教育の目標や身に付けさせたい力は関係者とも共有する必要がある。また，体験活動等に対する地域や保護者の理解と協力を得ているかはもとより，地域組織や企業・事業所との連携が図れているかも重要な点である。キャリア教育のねらいや計画についての共通理解のもとで，学校が実施した「見取り」と「点検」の結果を関係者と共有するのみならず，関係者から寄せられる情報も加味しながら，次の取組への改善に協力して取り組むことが肝要である。

　これまで確認してきた「見取り」と「点検」の各ポイントは，キャリア教育の評価を行うにあたって，児童生徒を対象に行うものと教育活動を対象に行うものを混同することがないよう，その理解に資するために分けて整理したものである。評価が次の取組を改善するという点から行われるものである以上，「見取り」と「点検」の双方が欠かせないことは明らかである。いずれかが欠けることがないよう，全体計画・年間指導計画の策定時点で，双方の視点から評価を計画しておく必要がある。

　この，取組の改善に評価を生かすという点から，最後に，これまで触れてきたことをまとめるかたちで2点確認しておきたい。1点目は，評価を意義あるものとするためには，各学校で立てたキャリア教育の目標，全体計画・年間指導計画と，「見取り」と「点検」の規準・指標が対応していなければならない，ということである（第3章Q13も参照のこと）。2点目は，1点目があるからこそ，身に付けさせたい力は，児童生徒，教職員，関係者といった様々な立場を越えて共通に理解できるよう，具体的に設定されなければならない，ということである。この2点が守れていない場合，せっかく評価したとしても改善には役立たず，負担だけが残る結果となってしまう。キャリア教育に関わるすべての人が同じ方向性をもって携われるよう，具体的な目標と目標に応じた評価―「見取り」と「点検」―を心がけねばならない。

参考文献

藤田晃之（2014）『キャリア教育基礎論 ― 正しい理解と実践のために』実業之日本社.

国立教育政策研究所生徒指導・進路指導研究センター（2015）『子供たちの「見取り」と教育活動の「点検」― キャリア教育を一歩進める評価』.

高槻市立赤大路小学校・富田小学校・第四中学校編著（2015）『ゼロから始める小中一貫キャリア教育』実業之日本社.

立石慎治（2018）「第7章　PDCAサイクル基づくキャリア教育実践の在り方」藤田晃之編著『キャリア教育』ミネルヴァ書房.

（立石慎治）

Q 15　小学校におけるキャリア教育の特質と，実践上の留意点について説明しなさい

1．小学校におけるキャリア教育のねらい

　人間の発達の段階については多くの理論があるが，日本では2002（平成14）年に国立教育政策研究所生徒指導研究センターが公表した研究報告書『児童生徒の職業観・勤労観を育む教育の推進について』が提示したキャリア発達課題の捉え方が広く受け入れられ，活用されている（表3-15-1）。

表3-15-1　学校段階ごとにみたキャリア発達課題

小学生	中学生	高校生
進路の探索・選択にかかる基盤形成の時期 ・自己及び他者への積極的関心の形成・発展 ・身のまわりの仕事や環境への関心・意欲の向上 ・夢や希望，憧れる自己イメージの獲得 ・勤労を重んじ目標に向かって努力する態度の形成	現実的探索と暫定的選択の時期 ・肯定的自己理解と自己有用感の獲得 ・興味・関心等に基づく勤労観，職業観の形成 ・進路計画の立案と暫定的選択 ・生き方や進路に関する現実的探索	現実的探索・試行と社会的移行準備の時期 ・自己理解の深化と自己受容 ・選択基準としての勤労観，職業観の確立 ・将来設計の立案と社会的移行の準備 ・進路の現実吟味と試行的参加

（出典：文部科学省〔2006〕『小学校・中学校・高等学校キャリア教育推進の手引』）

　小学校におけるキャリア教育の実践に当たっては，「進路の探索・選択にかかる基盤形成の時期」という小学生のキャリア発達段階の特質を正しく理解することがとりわけ重要となる。小学校では，具体的な将来の展望や設計は中心的な課題ではなく，最も重要となるのはその「基盤」の形成である。

　低学年では，自分の好きなこと・得意なこと・できることを増やし，学級や学校内での様々な活動への興味・関心を高めながら意欲と自信をもって活動できるようにすること，また中学年では，友達のよさを認め，協力して活動する中で，自分のもち味や役割を自覚することができるようにすることがそれぞれ重要である。高学年では，苦手なことや初めて経験することにも失敗を恐れず取り組み，そのことが集団の中で役立つ喜びや自分への自信につな

がるようにする指導・支援が特に求められる。

2. 小学生が描く将来の夢をどのように扱うか

中学年や高学年，とりわけ「二分の一成人式」などの実践がなされることも多い4年生以降では，自らの将来に目を向ける機会も増える。その際，児童が描いた将来像と，学校や地域社会等における学びとのつながりを実感しつつ，学習活動等に積極的に取り組めるようにすることは極めて重要である。その一方で，中学年から高学年にわたり継続的に，具体的な夢の実現に向けて「あなたならきっとその職に就ける」等と背中を押し続けることは，将来を捉える視野の狭隘化を助長し，さらには自己の可塑性や多様な成長可能性を自ら閉ざす道へと児童を誘導する結果に結びつきかねない。個々の児童の夢や憧れを尊重しつつ，視野を広げるための指導や支援を重ねることによって，様々な角度から夢を捉え直す契機を与えることが必要となろう。

3. 小学校教育全体を通したキャリア教育の実践の在り方

小学校学習指導要領総則が示すとおり，小学校では「児童が，学ぶことと自己の将来とのつながりを見通しながら，社会的・職業的自立に向けて必要な基盤となる資質・能力を身に付けていくことができるよう，特別活動を要としつつ各教科等の特質に応じて，キャリア教育の充実を図ること」が必須となる。小学校における「各教科等の特質に応じ」たキャリア教育の実践とは，生活科・社会科・学校行事等における校外での見学・体験や当番活動・係活動・児童会活動などの機会はもちろん，「基礎的・汎用的能力」の育成につながる単元や題材の内容を活かした取組，話し合い活動や集団活動を通した指導など多様に考えられる。そのうえで，これらの教育活動全体の取組を自己の将来や社会につなげるための「要」として，特別活動における学級活動「(3) 一人一人のキャリア形成と自己実現」が位置づけられているのである。

参考文献

文部科学省（2011）『小学校キャリア教育の手引き〈改訂版〉』教育出版.

（藤田晃之）

Q 16　中学校におけるキャリア教育の特質と，実践上の留意点について説明しなさい

1．中学校におけるキャリア教育のねらい

　中学校におけるキャリア教育の中心的な課題は，前項（Q15）で整理されているとおり，現実的探索と暫定的選択にある。中学生は小学校で描いた将来の夢の実現可能性を現実的に探索し，社会での自らの役割や生き方・働き方を暫定的ながらも選択することが求められ，卒業後の進路選択も迫られる。

　このような発達段階の特質を踏まえ，生徒が自己を肯定的に捉え，自分は社会の中で必要とされる存在だと思えるようキャリア教育の目標を設定する必要がある。更に学年の発達段階に応じて，自己への関心・理解から次第に他者との関わり，社会の一員として自覚や義務・責任を理解するように目標設定も発展させていく必要がある。生徒の発達を適切に捉え自己理解や社会との関わりなどに関する体系的な指導を行い，卒業を控えた3年生では，将来の目標の達成に向けた現実的な問題に直面しつつも，将来設計に伴う困難に関する理解を深め，それを克服する努力に向かわせる支援が重要となる。

2．職場体験活動を更に効果的にするには

　キャリア教育の一環として職場体験活動の実施率は大変高く，「平成29（2017）年度職場体験・インターンシップ実施状況等調査結果」によると，98.6％の公立中学校が実施している。職場体験活動を更に効果的なものにするには，まず各学校の生徒や地域の実態に合わせて職場体験のねらいを定め，それを基盤として教育活動への位置づけや地域性を考慮し，実施計画を立案することが前提となる。また，事前指導・事後指導の充実も極めて重要である。挨拶や言葉遣いなど職場体験での社会的なルールに関する指導や，欠席・遅刻・早退などの連絡の仕方，安全・緊急対応指導などの事前準備も大切であるが，それとともに職場体験のねらいや自分の課題を十分に理解させ，職場

体験での調査内容の検討などの事前学習を充実させることが職場体験活動の充実につながる。また事後指導においては，職場体験の報告書の作成・体験先への礼状作成・発表会だけでなく，生徒間の体験の共有化や働くことの意義を明確化できるようにすることなど，生徒自身がこれからの進路や生き方について考えるきっかけとなるべく支援をすることが不可欠である。

3.　中学校でキャリア教育を実施するうえでの留意点

　小学校と同様，中学校学習指導要領総則においても，特別活動を要として各教科等の特質に応じてキャリア教育の充実を図り，学校の教育活動全体を通じて進路指導を行うこととされている。職場体験活動も含め，総合的な学習の時間や学校行事，道徳科や各教科における学習，個別指導としての教育相談等の機会を生かしつつ，キャリア教育を実施していくことが重要となる。

　次に留意しなければならないことは，自校の生徒や地域の実態を踏まえ，地域や生徒，保護者，そして教職員の願いを十分汲んだ学校ごとのキャリア教育の目標や全体計画，年間指導計画を作成することである。

　それぞれの生き方や進路に関する現実的な探索ための重要な時期である中学校では，専門的な知識や情報をもっている保護者や職業人などから直接学ぶ機会によって社会人として必要な自立性や社会性が育まれる。そこで家庭や地域・社会，企業との連携や協力の推進も重要である。具体的には保護者が「職業人講話」の講師をつとめることや，地域の企業に職場体験活動の協力をお願いすることなどが挙げられる。さらに継続的かつ体系的なキャリア教育の実施に向けて，小学校・高等学校との連携も図る必要がある。

　多くの生徒にとって初めての経験である入学試験や就職試験に対しても，合格させるための指導に終始せず，生徒一人ひとりのキャリア発達を支援し，第1学年の段階からきめ細かく温かく支えることが必要である。生徒の個性や適性を理解し，主体的な進路選択につなげていくことが重要である。

参考文献

文部科学省（2011）『中学校キャリア教育の手引き』教育出版.

（大森順子）

Q 17 高等学校におけるキャリア教育の特質と, 実践上の留意点について説明しなさい

1. 高等学校におけるキャリア教育のねらい

高等学校でのキャリア教育の実践にあたっては, 第3章Q15で整理されている通り,「現実的探索・試行と社会的移行準備の時期」という高等学校のキャリア発達段階の特質を正しく理解することが重要である。高等学校では, 就業等の社会参加や上級学校での学習等に関する探索的・試行的な体験に取り組みつつ, 自分なりの価値観, 職業観・勤労観をもち, 自己の職業的な能力・適性について理解を深めながら, 将来設計, 進路希望の実現を目指した取り組みを自己の判断で進めていけるよう, 指導・支援することが求められる。

2. 各段階におけるキャリア発達と取り組み

キャリア発達の特徴は, 2012（平成24）年に文部科学省が公表した『高等学校キャリア教育の手引き』に例がある。

表の通り, 入学から在学期間半ば頃までは, 新しい環境の中で他者とより良い関係を築きつつ, 将来設計を立案し, 進路希望を実現するための情報収

表3-17-1　高等学校段階におけるキャリア発達の特徴の例

入学から在学期間半ば頃まで	在学期間半ば頃から卒業を間近にする頃まで
・新しい環境に適応するとともに他者との望ましい人間関係を構築する。 ・新たな環境の中で自らの役割を自覚し, 積極的に役割を果たす。 ・学習活動を通して自らの勤労観, 職業観について価値観形成を図る。 ・様々な情報を収集し, それに基づいて自分の将来について暫定的に決定する。 ・進路希望を実現するための諸条件や課題を理解し, 検討する。 ・将来設計を立案し, 今取り組むべき学習や活動を理解し実行に移す。	・他者の価値観や個性を理解し, 自分との差異を見つめつつ受容する。 ・卒業後の進路について多面的・多角的に情報を集め, 検討する。 ・自分の能力・適性を的確に判断し, 自らの将来設計に基づいて, 高校卒業後の進路について決定する。 ・進路実現のために今取り組むべき課題は何かを考え, 実行に移す。 ・理想と現実との葛藤や経験等を通し, 様々な困惑を克服するスキルを身に付ける。

(出典：文部科学省〔2012〕『高等学校キャリア教育の手引き』p.129)

集や検討を行いながら，今取り組むべき学習や活動を行うことが重要となる。

在学期間半ば頃から卒業を間近にする頃までは，自己について理解を深めながら，多角的に情報収集や検討を行い，高校卒業後の進路について自ら決定し，取り組むべき課題を実行に移すことが重要となる。その際，理想と現実との葛藤や，就業等の社会参加などによる経験等の中で，様々な困惑を克服していくことも大切である。

3．指導に当たっての具体的な推進方策

2011（平成23）年の中央教育審議会答申『今後の学校におけるキャリア教育・職業教育の在り方について』では，「高等学校（特に普通科）におけるキャリア教育の推進方策」として次の4点を挙げた。第1に，「社会的・職業的自立に向けて必要な基盤となる能力や態度を育成すること」，第2に「キャリアを積み上げていくうえで必要な知識等を，教科・科目等を通じて理解させる」，第3に「体験的な学習の機会を設ける」，第4に「生徒が自らの価値観を形成し，とりわけ勤労観・職業観を確立できるようにする」である。このような視点を意識しながら，地域や学校，子どもの実態等に合わせて全体計画及び年間指導計画を作成し，教科・科目等を通じた学習を進める必要がある。

4．学科ごとのキャリア教育

高等学校の学科は，高等学校設置基準第5条により，いわゆる「普通科」，「専門学科」，「総合学科」に分けられる。以下に実践上の留意点を述べる。

（1）普通科

普通科に在籍する生徒数の割合は72.9%（2019年学校基本調査，以下同じ）であり，そのうち85.2%は大学や専門学校等に進学する。『手引き』では，普通科におけるキャリア教育の推進のポイントとして「進学希望者が多い普通科においては，「大学の向こうにある社会」を意識させ，学校の学習内容と将来の職業分野との関連を考察させるような授業展開を図る」こと，「就職希望者が多い普通科においては，職業科目の履修の機会を確保するとともに，できるだけ早い段階からある程度まとまった単位数を配当するなど，将

来の職業生活に向けて体系的・系統的に学習できるような教育課程を編成」
することを述べている。進学希望者が多い普通科においても，キャリア教育
の充実は不可欠である。将来の生き方・働き方について考え，職業や社会に
参画する姿を意識し，進路意識や目的意識を明確にできるような指導が必要
であり，高等学校を卒業した後の進路ということを越えた将来設計を立案さ
せていくことが重要となる。また，体験的な学習の機会（就業体験活動等）
は，職業観・勤労観の醸成や学習意欲の向上等に有効である一方，2019年の
国立教育政策研究所の報告によれば，普通科の22.3%の生徒しか経験してい
ないという実態があり，事前・事後指導を含めた体系的な実施を更に充実さ
せていくことが求められる。その際，特に大学進学希望者が多い普通科の高
等学校においては，『高等学校学習指導要領（平成30年告示）解説　特別活
動編』で示された「アカデミック・インターンシップ」として，大学等の専
門機関において実施する就業体験活動の実施も期待される。

（2）専門学科

　専門学科に在籍する生徒数の割合は21.5%であり，そのうち49.9%が大学
や専門学校等に進学する。『手引き』では，社会の急速な変化の中で専門的
な知識や技能が拡大・高度化し，進学割合も高くなってきていることに触れ
つつ，各専門科目の基礎的な科目から，「実習」及び「課題研究」などにい
たるまでの学習の流れとキャリア教育を関連づけることと，地域・社会との
連携の中で実践的な教育活動に取り組むこと，そして外部講師などの積極的
な活用による最先端の知識・技能を修得する機会を設けることを挙げている。

（3）総合学科

　総合学科に在籍する生徒の割合は5.5%であり，そのうち65.9%が大学や専
門学校等に進学する。『手引き』では，総合学科の特徴として，生徒が主体的
に科目を選択し学習を進めたり，自己の進路への自覚を深めさせる学習の機
会が他の学科に比べて多い一方，安易な科目選択や，進路等に目的をもてな
い生徒が一定数いるといった課題にも触れている。そのうえで，総合学科で
すべての生徒に原則として入学年次に履修させる「産業社会と人間」の学習
による動機づけを基に，3年間の綿密の学習計画の立案や，多様な科目の履

修を通じて様々な知識・技能を養い，総合的な学習の時間（平成30年改定学習指導要領では総合的な探求の時間）なども有効に活用することを挙げている。

5．個に応じた指導・支援とキャリア教育の充実

　高等学校卒業時の進路は，中学校卒業時よりはるかに多様であり，個別またはグループ別に行う指導援助も必要となる。一人ひとりの生き方や進路，そのための教科・科目等の選択に関する悩みや迷いを受け止め，必要な指導援助を行うキャリアカウンセリングの考え方である。キャリアカウンセリングは，入学時から計画的・組織的・継続的に進めていくことが重要である。そのために，全体計画と年間指導計画を踏まえ，定期的な個人面談だけではなく，日常的なコミュニケーション等を通じた指導・支援をし，それらを教員集団で蓄積・共有することが必要となる。

　また，常に変化する社会や多様な進路に対応するため，教員も常に正確な情報を入手し，適切な時期に適切な情報が提供できるよう努めることが必要となる。また，単に情報を提供するだけではなく，生徒自らが情報を選択・収集し活用する力を高められるよう，探索の方法を提供することなど，生徒の発達段階を踏まえた指導・支援を常に意識して展開することが必要である。

　子どもにとって高等学校卒業時の進路が，将来の生き方・働き方について考えて，選択・決定されたものであり，その後の進路において目的意識をもって歩んでいけるようにするために，高等学校におけるキャリア教育の更なる充実が求められていると言えよう。

参考文献

国立教育政策研究所生徒指導・進路指導研究センター（2019）『平成29度職場体験・インターンシップ実施状況等調査結果（概要）』．

中央教育審議会（2011）『今後の学校におけるキャリア教育・職業教育の在り方について』．

文部科学省（2012）『高等学校キャリア教育の手引き』教育出版．

文部科学省（2019）『学校基本調査』．

（峯村恒平）

編著者・執筆者一覧

［編著者］

藤田晃之　筑波大学人間系教授，博士（教育学）。
　著書：（編著）『最新 教育キーワード 155 のキーワードで押さえる教育』（時事通信社，2019 年），『キャリア教育基礎論 ─ 正しい理解と実践のために』（実業之日本社，2014 年）。

森田愛子　広島大学大学院教授，博士（心理学）。
　著書：（編著）『生徒指導・進路指導論』（協同出版，2014 年），（共著）『子どもの学校適応を促進しよう ─ 新しい校内研修のためのテキスト』（ブレーン出版，2007 年）。

［執筆者］（50 音順）

安里ゆかし　（筑波大学大学院生）

芦沢柚香　（筑波大学大学院生）

阿部夏希　（広島文教大学講師）

網谷綾香　（大阪成蹊短期大学教授）

有馬比呂志　（近畿大学教授）

石嶺ちづる　（高知大学准教授）

李　受珉　（日本学術振興会特別研究員）

大森順子　（筑波大学大学院生）

小田真実　（広島大学大学院生）

柏原志保　（株式会社国際電気通信基礎技術研究所研究技術員）

金子（田中）紗枝子　（徳島文理大学講師）

京免徹雄　（筑波大学人間系助教）

靳　翊　（筑波大学大学院生）

小林亮太　（福岡県立大学講師）

鈴木　樹　（鎌倉女子大学教授）

武田　勲　（筑波大学大学院生）

田崎優里　（広島大学大学院生）

立石慎治　（筑波大学助教）

谷田（松﨑）勇人　（佐野日本大学短期大学教授）

中條和光　　（広島大学大学院教授）

坪田雄二　　（県立広島大学教授）

德岡　大　　（高松大学講師）

中里直樹　　（大分大学准教授）

根津朋実　　（早稲田大学教授）

則武良英　　（国立特別支援教育総合研究所研究補佐員）

林　尚示　　（東京学芸大学教授）

日原尚吾　　（広島大学大学院助教）

福留広大　　（福山大学助教）

福屋いずみ　（山口短期大学講師）

藤田駿介　　（筑波大学大学院生）

松尾智晶　　（京都産業大学准教授）

峯　啓太朗　（筑波大学大学院生）

峯村恒平　　（目白大学専任講師）

向居　暁　　（県立広島大学教授）

安井一郎　　（獨協大学教授）

吉川実希　　（筑波大学大学院生）

装幀：奈交サービス株式会社
DTP：片野吉晶

新・教職課程演習　第8巻
特別活動・生徒指導・キャリア教育

令和 3 年 11 月 30 日　第 1 刷発行

編著者　藤田晃之 ©
　　　　　森田愛子 ©
発行者　小貫輝雄
発行所　協同出版株式会社
　　　　　〒 101-0054　東京都千代田区神田錦町 2-5
　　　　　　　　　電話　03-3295-1341（営業）　03-3295-6291（編集）
　　　　　　　　　振替　00190-4-94061
印刷所　協同出版・POD工場

ISBN978-4-319-00349-5

新・教職課程演習

広島大学監事 野上智行 編集顧問
筑波大学人間系教授 清水美憲／広島大学大学院教授 小山正孝 監修
筑波大学人間系教授 浜田博文・井田仁康／広島大学名誉教授 深澤広明・広島大学大学院教授 棚橋健治 副監修

全22巻　A5判

協同出版